O MISTÉRIO DA TRANSFORMAÇÃO ALQUÍMICA

Murray Stein

O MISTÉRIO DA TRANSFORMAÇÃO ALQUÍMICA

Um Estudo sobre os Últimos Escritos de Carl G. Jung sobre a
Alquimia nos Estágios Finais da Individuação

Tradução
Marta Rosas de Oliveira

Editora
Cultrix
SÃO PAULO

Título do original: *The Mystery of Transformation.*
Copyright © 2022 Chiron Publications.
Publicado mediante acordo com Chiron Publications LLC, Asheville, NC.
Copyright da edição brasileira © 2024 Editora Pensamento-Cultrix Ltda.
1ª edição 2024.
Todos os direitos reservados. Nenhuma parte desta obra pode ser reproduzida ou usada de qualquer forma ou por qualquer meio, eletrônico ou mecânico, inclusive fotocópias, gravações ou sistema de armazenamento em banco de dados, sem permissão por escrito, exceto nos casos de trechos curtos citados em resenhas críticas ou artigos de revistas.

A Editora Cultrix não se responsabiliza por eventuais mudanças ocorridas nos endereços convencionais ou eletrônicos citados neste livro.

Editor: Adilson Silva Ramachandra
Gerente editorial: Roseli de S. Ferraz
Preparação de originais: Danilo Di Giorgi
Gerente de produção editorial: Indiara Faria Kayo
Editoração eletrônica: S2 Books
Revisão: Erika Alonso

Dados Internacionais de Catalogação na Publicação (CIP)
(Câmara Brasileira do Livro, SP, Brasil)

Stein, Murray
    O mistério da transformação alquímica : um estudo sobre os últimos escritos de Carl G. Jung sobre a alquimia nos estágios finais da individuação / Murray Stein ; tradução Marta Rosas de Oliveira. -- São Paulo : Editora Cultrix, 2024.

    Título original: The mystery of transformation
    Bibliografia.
    ISBN 978-65-5736-295-2

    1. Alquimia - Aspectos psicológicos 2. Jung, C. G. (Carl Gustav), 1875-1961 3. Psicologia junguiana
    I. Título.

24-191783   CDD-150.1954

Índices para catálogo sistemático:
1. Psicologia junguiana e alquimia 150.1954
Eliane de Freitas Leite - Bibliotecária - CRB 8/8415

Direitos de tradução para a língua portuguesa adquiridos com exclusividade pela
EDITORA PENSAMENTO-CULTRIX LTDA., que se reserva a
propriedade literária desta tradução.
Rua Dr. Mário Vicente, 368 — 04270-000 — São Paulo, SP — Fone: (11) 2066-9000
http://www.editoracultrix.com.br
E-mail: atendimento@editoracultrix.com.br
Foi feito o depósito legal.

Sumário

O Mistério da Transcendência: um Sonho para o Nosso Tempo 11

A Divina Comédia, de Dante: uma Jornada ao Mistério da Transformação 31

As Núpcias de *Animus e Anima* no Mistério da Individuação..73

"A Lição de Piano": a Misteriosa União dos Opostos de Wolfgang Pauli 129

Mysterium Coniunctionis: "o Mistério da Individuação"..........151

"Individuação" e/*versus* "Iluminação"...................................195

O Mistério da Criatividade: uma Viagem em Imagens 213

Os Sentidos do "Sentido"..235

A Fé do Analista...259

Referências 283

Lista de pinturas de Diane Stanley

Casa de Cinco Andares © 16

O Pátio Interior © 17

O Eterno Fogo Interior © 18

Beatriz © 44

O Amor que Move o Sol © 67

A Lição de Piano © 147

Unio Naturalis © 188

Unio Mentalis © 189

Unio Mentalis et Soma © 190

Unus Mundus © 191

Lista de ilustrações

Imagens de *Ten Bulls* (*The Ten Ox-Herding Pictures*), domínio público 206-208

Imagens de *Rosarium philosophorum*, domínio público 83-124

Agradecimentos

—◦◦◦—

Gostaria de reafirmar a grande dívida de gratidão que tenho para com Diane Stanley, tanto pelas brilhantes peças artísticas que ela criou para este livro quanto por seu constante apoio e paciência durante todo o longo processo de escrita e edição, desde o início até o fim. Sem sua inspiração, este livro não poderia ter visto a luz do dia e, sem sua mão firme, provavelmente teria definhado nas sombras de minha vida ocupada. Quero agradecer também a Steve Buser e a Jennifer Fitzgerald, da Chiron Publications, pela dedicação à publicação de tantos de meus trabalhos e por todo o apoio em concretizar este, em particular. Os dois formam uma dupla muito competente e extremamente simpática.

O Mistério da Transcendência: um Sonho para o Nosso Tempo

—⟨⟨⟨⟩⟩⟩—

Introdução

Os sonhos, às vezes, nos permitem um relance de mistérios inefáveis. Eles nos apresentam símbolos numinosos e são o que Jung chamou, em seu singelo estilo suíço, de "grandes sonhos". Tais sonhos nos oferecem símbolos que estão além de nossa compreensão comum. Os símbolos são mais que metáforas de algo conhecido ou visível. Eles nos levam a um reino que congrega o misterioso, o desconhecido e talvez até o incognoscível.

Um sonho assim me foi trazido por uma pessoa que, por seu relato, é uma praticante espiritual experiente. Entre suas muitas e variadas práticas ao longo de cinquenta anos, ela combinou muitas viagens ao Oriente, lições de mestres espirituais notáveis, meditação intensiva e psicanálise junguiana. Tudo isso foi empregado na construção da morada espiritual e psicológica que ela ocupa hoje. Esse sonho mostra-lhe o resultado desse trabalho e a leva a um nível que se abre de modo repentino e surpreendente.

A pessoa que teve esse sonho o descreveu cuidadosamente, com todos os detalhes de que conseguiu se lembrar, e também sugeriu associações para várias de suas características. Além disso, forneceu um pouco de sua história pessoal como pano de fundo e algumas reflexões sobre o significado que o sonho tinha para ela. Por fim, criou algumas imagens para retratar a estrutura da casa que é o receptáculo dos notáveis símbolos que se apresentam no sonho. Primeiro, passo-lhe a palavra e, em seguida, comentarei seu sonho.

....

O sonho

Estou subindo as escadas da minha casa e surpreendo-me ao perceber que elas continuam até um quinto andar que eu nunca vira nem sabia que existia. Abro a porta e há um fogo no meio de uma grande sala vazia. O fogo está cercado por uma grelha baixa e quadrada. Preocupada com a fumaça e a possibilidade de um incêndio na casa, então me aproximo para inspecioná-lo melhor. Não há combustível – nenhum combustível. O fogo arde por si. Como pode ser isso? Minha mente para. Estou diante de algo misterioso. A luz do fogo enche a sala.

Percebo que o piso, um assoalho de tábuas rústi-cas, é áspero.

Volto para a porta de entrada desse cômodo. "Aquele que Sabe" ou o "Especialista" surge na porta e olha para a sala. Nós dois estamos olhan-do para o fogo juntos da porta. Ele diz: "Isso é genuíno. Ponha um tapete no chão. Deixe a porta aberta. As pessoas virão para vê-lo".

Associações e reflexões iniciais da sonhadora

O "Especialista" é alguém que já apareceu em vários so-nhos e, muitas vezes, durante transições críticas da minha vida. O fogo que arde no centro da sala me tira o fôlego e me deixa paralisada. Embora vazia, a sala está cheia de pre-sença sobrenatural. Nada precisa ser feito para terminar esse quinto andar, exceto instalar um tapete para o conforto das pessoas que o visitarem. "Aquele que Sabe" me aconselha a deixar a porta aberta para os que "virão para vê-lo". Estou disposta a seguir o conselho, mas ainda estou ponderando seu significado.

Imaginação ativa da sonhadora: um *tour* pela casa do sonho

Na imaginação ativa, explorei os quatro primeiros níveis da casa do sonho, sobre os quais repousa o quinto andar. A casa fica na fundação profunda do porão, mas entro pelo primeiro andar, passando pela cozinha e pela despensa. Há também uma sala de jantar e de estar, com piano, sofá e cadeiras confortáveis. Parece ser o *nível materno* - confortável e nutritivo - da minha casa. No desenho que fiz, eu o retrato como uma série de formas circulares em evolução.

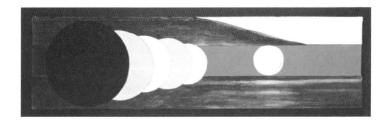

No segundo andar, há um escritório com computador, telefone, gabinete de arquivos, quadro de avisos, notas e listas de tarefas. Esse é o andar do trabalho e das responsabilidades. Parece uma esfera *paterna*; os fatos da vida coletiva no mundo. Eu o representei como um quadrado preto e um branco, um de frente para o outro, em uma relação que inclui a tensão necessária.

No terceiro andar, ficam o quarto e a biblioteca, um lugar íntimo de relação transformadora contínua. É também uma área de estudo profundo, novas ideias, sono e sonhos.

Para mim, essa é minha atual experiência das energias primordiais de yin e yang.

No quarto andar, fica o meu estúdio de arte. É preenchido com tintas, pincéis, telas, papel e um bom sistema de som para música clássica. Acima de tudo, é um espaço criativo. Aqui, o diálogo do consciente e do inconsciente cria imagens e símbolos inesperados. Eu o desenhei como inúmeros tipos de coisas distintas dentro de um círculo e de um quadrado. O quadrado é delimitado de cada lado por quatro linhas, sendo a inferior preta.

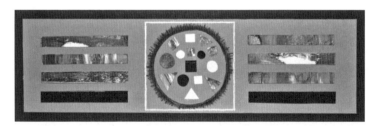

Por fim, o *recém-descoberto* quinto andar não tem nada a ver com os aspectos pessoais dos outros quatro. É autoesclarecedor, autoperpetuante e autorrevelador. Ele se destaca e permeia tudo.

Casa de Cinco Andares

Uma nota de história pessoal como contexto para o sonho

Sou praticante budista há mais de quatro décadas e venho estudando com mestres eminentes. Isso me obrigou a realizar práticas diárias e retiros solitários regularmente, bem como viajar para a Índia, o Tibete, o Nepal e o Butão em muitas ocasiões. Também tenho um interesse profundo e duradouro na psicologia profunda junguiana que inclui vários anos de análise. Minha formação e experiência de trabalho estão no campo das artes plásticas.

Outras reflexões sobre o quinto andar

O fogo é, na verdade, o centro da casa, não "o alto da casa". É para mim uma Fonte que brilha sempre; o Coração do Ser. As outras áreas de convivência estão dispostas em torno dele como um pátio no sentido horário.

O Pátio Interior

O Eterno Fogo Interior

Quando contemplado, o eterno fogo interior é considerado absolutamente misterioso, mas claramente presente; transcendente, mas intimamente ligado a tudo.

> "Iluminando o interior e iluminando o exterior – mil iluminações; miríades de iluminuras; mas, no total, uma só iluminação."
> (*I Ching*, Li, Fogo)

....

Meus comentários sobre o sonho

Não quero entrar em nenhuma discussão mais rigorosa a respeito da natureza nem do propósito da interpretação junguiana dos sonhos aqui, mas algumas palavras se fazem necessárias. O procedimento geral neste método de interpretação é: a) estabelecer o texto do sonho; b) recolher associações pessoais a pessoas e imagens do sonho; c) considerar o contexto do sonho (resíduo do dia, seu lugar em uma série de sonhos, dados biográficos); d) amplificar o material simbólico do sonho e, por fim; e) trazer o significado compensatório do sonho de volta ao estado psicológico imediato do sujeito que sonha. Nesse caso, temos o texto do sonho, algumas associações pessoais suscitadas pelo sonho na sonhadora, um pouco do contexto dela e seu trabalho posterior sobre o sonho usando imaginação ativa, reações emocionais, associações culturais e trabalho com artes plásticas. O que eu gostaria de acrescentar como contribuição são mais algumas amplificações e minhas reflexões sobre o sonho como compensatório à cultura contemporânea.

Na minha opinião, trata-se de um sonho que tem uma mensagem para muitos, como indicam as palavras da figura do Mestre para a sonhadora dentro do próprio sonho. A disposição da sonhadora de compartilhar esse sonho com o público em geral, oferecendo-o para publicação aqui, está de acordo com as instruções dadas pelo Mestre para "deixar a porta aberta" para quem puder beneficiar-se com a entrada na sala para estabelecer contato meditativo com o fogo que arde por si mesmo no centro, o qual é um "símbolo vivo".[1]

---

1 C. G. Jung. *Psychological Types. CW* 6, § 819.

Na tentativa de compreender o significado de um símbolo verdadeiro, como o que vemos no fogo autossustentável desse sonho, vale a pena considerarmos algumas frases de Jung sobre o tema em seu último livro, *Mysterium Coniunctionis*:

> Caso signifiquem alguma coisa, os símbolos são tendências que perseguem um objetivo definido, mas ainda não reconhecível, e, consequentemente, só podem exprimir-se por meio de analogias. Nessa situação incerta, é preciso resignação para deixar as coisas como estão e desistir de tentar saber qualquer coisa além do símbolo.[2]

Jung está falando sobre os símbolos como uma característica do processo pelo qual pensamentos inconscientes se tornam conscientes. Sua também é a advertência contra a redução de um símbolo a significados conhecidos. Ele deve permanecer um mistério, pelo menos até certo ponto. Jung está trabalhando a partir de um senso aristotélico de entelóquia, ou seja, direcionamento para uma meta. A pergunta para esse sonho seria: Qual é o objetivo de descobrir um cômodo que tem no centro um fogo que arde por si? Para onde tende esse sonho? Qual é sua meta? Jung diz que, no fim, simplesmente teremos que nos contentar em viver com

---

2   C. G. Jung. *Mysterium Coniunctionis*. *CW* 14, § 667.

o símbolo como imagem, pois o pensamento inconsciente para o qual ele tende ainda não está disponível para apropriação consciente. O significado final do sonho não pode ser especificado nesse momento. Porém, antes de repousar nessa atitude contemplativa em relação ao símbolo do sonho, pode-se amplificar a imagem com imagens análogas de um amplo espectro de fontes. Depois disso, pode-se considerar como esse símbolo pode falar como compensação à atitude cultural unilateral na qual o sonhador e o sonho estão inseridos. Isso dará alguma pista da intenção do sonho.

Para começar, considerarei a imagem de um fogo que arde sem combustível algum. Trata-se de um símbolo, o que significa que é a melhor representação possível neste momento de um conteúdo ainda inconsciente. O esforço hermenêutico tenta expandir um pouco mais a autorrevelação, ou revelação, através da amplificação, mas não para explicá-la por completo em termos racionais.

Jung observa a associação do Mercúrio alquímico com o fogo: "Ele é *ignis elementaris, noster naturalis ignis certissimus*, o que novamente indica sua natureza 'filosófica'. A *aqua mercurialis* é até fogo divino. [...] Ele é um 'fogo invisível que trabalha em segredo'. [...] Ele é, na verdade, [...] 'o fogo universal e cintilante da luz da natureza, que traz dentro de si o espírito celestial'".[3] Do modo como Jung o interpreta, Mercúrio representa o espírito do inconsciente, certamente um mistério.

---

3   C. G. Jung. "The Spirit Mercurius." *CW* 13, § 256.

O fogo autossustentável do sonho alude ao sobrenatural. Esse fogo revela uma presença divina na casa da sonhadora e representa a energia inexaurível do *Self*. Não é "deste mundo", no qual todos os fogos, grandes e pequenos, por fim se consomem e se apagam. Até mesmo o Sol acabará morrendo. Esse fogo é de outra ordem, uma ordem inteiramente diversa. Ele não depende de nada além de si mesmo. É misteriosa e infinitamente autossuficiente. Nas religiões teológicas, essa é a definição de Deus. Isso é o que distingue o Criador das criaturas finitas, que dependem radicalmente de muitas coisas para sustentar-se. Esse fogo é um símbolo que contém a insinuação de uma outra dimensão. O fogo autossuficiente é uma revelação, um "sinal de transcendência", para usar a expressão de Peter Berger.[4]

Outra característica importante no sonho é o *motivo da descoberta*. Sonhos de descoberta de um novo cômodo ou parte da casa são frequentes e servem como indicadores de que um aspecto inconsciente da personalidade está sendo disponibilizado para o consciente. Às vezes, isso indica o rompimento de uma barreira de repressão ou muro defensivo na psique. Porém, nesse sonho, indica em vez disso a abertura para um nível da psique cuja existência era desconhecida anteriormente. É uma revelação. Com base na história e nas associações da sonhadora, parece bem claro que ela vem se preparando há muito tempo para essa descoberta. Mesmo assim, é uma surpresa para o ego do sonho,

---

4 Ver Peter Berger. *A Rumor of Angels: Modern Society and the Re-Discovery of the Supernatural*. Anchor, 1970.

que inicialmente vê no fogo um possível perigo para o resto da casa. O risco seria um surto de energia incontrolável, uma mania que tudo consome que incendiaria toda a casa. Mas quando ela descobre que o fogo não consome nada e é autossuficiente, ela se tranquiliza e fica curiosa. A casa está em segurança. Então o que é esse fenômeno?

Um fogo cujas chamas sobem, mas não consome a substância subjacente, desafia nossos pressupostos normais e racionais sobre a natureza. Ele é antinatural e atrai nossa atenção para si na forma de admiração e maravilhamento. Quando descobre no Monte Horebe um arbusto que, apesar de estar em chamas, não é consumido, Moisés primeiro fica surpreso e depois fica curioso:

> E apareceu-lhe o mensageiro do Senhor em uma chama de fogo no meio de uma sarça; e, olhando, ele viu que a sarça ardia no fogo e não se consumia. E Moisés pensou, "Deixai, por favor, que me vire para poder presenciar esta grande visão, pois a sarça não se queima".[5]

O fato de esse tipo de fogo aparecer no quinto andar da casa da sonhadora sugere que o espaço está situado naquilo que o filósofo John Hicks apropriadamente chama de "a quinta dimensão",[6] um reino espiritual. É "o mensageiro do

---

5   Êxodo 3:2-3. Tradução para o inglês de Robert Alter.
6   J. Hicks. *The Fifth Dimension: An Exploration of the Spiritual Realm*. Oneworld Publications, 2013.

Senhor" que aparece a Moisés nas chamas, ou seja, um Anjo. De acordo com o relato bíblico, esse fogo é precisamente o que marca a revelação e a identificação do Divino. O fogo que não se consome é, nas palavras de Rudolf Otto, um *numinosum*, um *mysterium tremendum et fascinans*.[7] Quando Moisés se detém, maravilhado, diante da sarça ardente, o Senhor o chama e, em seguida, dá-se uma conversa. Da Voz que vem do fogo, Moisés recebe uma missão: a ordem de tirar "o meu povo, os filhos de Israel, do Egito".[8] No clímax do encontro, vem uma revelação para os milênios:

> E, então, disse Moisés a Deus: "E, se quando eu for aos israelitas e lhes disser: 'O Deus de vossos pais enviou-me a vós', eles me perguntarem: 'Qual é Seu nome?', que lhes direi?" E disse Deus a Moisés: *"Ehyeh-'Asher-'Ehyeh*, SEREI QUEM SEREI".[9]

Assim se revela a natureza da Divindade na forma de um Nome Sagrado e carregada de Vontade absoluta. Além disso, como simboliza o fogo sobrenatural na sarça ardente,

---

7   R. Otto. *The Idea of the Holy*.

8   Êxodo 3:10.

9   Êxodo 3:13-14. Na tradução mais conhecida da Bíblia (para o público anglófilo, a versão conhecida como King James), o trecho consta como: "And God said unto Moses, 'I AM THAT I AM'"/E disse Deus a Moisés: "EU SOU O QUE SOU".

Deus é mostrado como autossuficiente, atemporal e não local: em suma, além do *continuum* de tempo e espaço.

No sonho em questão, a sonhadora não recebe esse grau supremo de revelação divina, mas obtém acesso direto ao reino da transcendência. E, como Moisés, ela também recebe uma missão: franquear a outros a entrada nesse mistério do quinto andar de sua casa.

O número 5 representa a qualidade especial desse espaço: ele é a *quinta essentia*, a essência da quaternidade subjacente. Segundo Jung, "[...] os quatro elementos são convertidos uns nos outros ou sintetizados na quintessência. [...] [A quintessência é] a união mais completa de opostos que é possível".[10] Mais que um mero acréscimo aos quatro níveis inferiores, o quinto é uma realidade transcendente que leva o todo a um estado de integração e unidade. Os quatro tornam-se Um no quinto. O sonho sugere que a sonhadora ganhou entrada no mistério da totalidade. Com o quinto andar, a casa se torna um símbolo de plenitude psicológica.

O que nós, na qualidade de observadores, somos convidados a contemplar nesse espaço da quinta dimensão é uma realidade psicológica para além da temporalidade e da localização limitada. Trata-se de algo radicalmente diferente do mundo de tempo e espaço em que normalmente opera a consciência do ego. O mundo que conhecemos por meio dos sentidos e da observação científica é limitado pela consciência da causalidade e da entropia que caracteriza o ego. Um

---

10   C. G. Jung. *Mysterium Coniunctionis. CW* 14, §§ 310-11.

fogo exige um combustível para continuar a arder e, quando esse combustível acaba, como necessariamente ocorre, o fogo se apaga. Essa é uma lei imutável da natureza. Até mesmo as estrelas acabarão por consumir-se em seu fogo e morrer.

Certa vez, subi com um amigo até o cume de uma íngreme colina da ilha sagrada de Miyajima, no Japão, onde há um templo xintoísta que continha um fogo que fora mantido queimando ininterruptamente por 1.000 anos, de acordo com os registros locais e o testemunho do sacerdote presente. Foi profundamente comovente presenciar esse pequeno fogo num espaço sagrado e contemplar sua longevidade. Com incrível devoção, os sacerdotes o mantiveram ardendo ao longo de toda a tumultuada história que se desenrolou a seu redor nesse milênio: guerras nacionais, desastres naturais, até mesmo a bomba atômica lançada sobre a vizinha cidade de Hiroshima, em 1945. E, até hoje, eles humildemente o alimentam, regular e ritualmente, para mantê-lo aceso. Porém esse fogo, apesar de sua duração tão longa, precisa ser alimentado por algum combustível externo. Ele não arde por si mesmo. Por ter sido mantido por tanto tempo, sugere a numinosidade de uma chama eterna, mas, na verdade, pertence ao mundo do tempo e do espaço. Há uma causa externa para a sua existência contínua; ele tem que ser alimentado. Na Quinta Dimensão, o fogo não é causado nem alimentado por uma fonte exterior a si mesmo. Trata-se de um mistério que ultrapassa a compreensão científica.

Há muitos símbolos do eterno nos mitos do mundo, mas um fogo autossuficiente sugere um tipo específico de energia: Eros. Em termos tipológicos, é uma expressão da função-sentimento: calor, paixão e energia transformacional. Entre os órgãos do corpo sutil, é o coração que estaria associado ao fogo. O Fogo Eterno é o tipo de Amor Divino que Dante experimentou em sua visão final da Divindade, ao fim de sua jornada pelos reinos da vida após a morte. De repente, fora atingido como se por um raio, escreve ele em *Paraíso*, e absorvera em seu próprio ser "o Amor que move o Sol e as mais estrelas".[11] Essa exposição ao Amor Divino transforma totalmente o poeta. O fogo eterno e autossustentável da Quinta Dimensão representa nada menos que precisamente isto: o Amor Divino. Esse amor é o que as pessoas estão sendo convidadas a experimentar na casa da sonhadora. Mesmo que seja impessoal por não ter móveis, quadros nas paredes nem outras bugigangas, a sala insinua intimidade porque está em sua própria casa, não em um espaço público.

A porta para o quinto andar abre a Quinta Dimensão para a sonhadora, bem como para os que visitarem a sala. Esse é o reino do inconsciente atemporal acima, não abaixo, dos andares da psique temporal. É o reino de Mercúrio, o grande agente transformador da alquimia, que Jung diz ser "um fogo invisível que trabalha em segredo",[12] cujas atividades afetam toda a casa em todos os níveis. Entretanto, é importante ressaltar que todos os cinco andares são características de uma

---

11   Dante. *A Divina Comédia: Paraíso* XXXIII: 146. São Paulo: Cultrix, 1966, p. 331 (fora de catálogo).

12   C. G. Jung. "The Spirit Mercurius." *CW* 13, § 256.

casa específica, a da pessoa que sonha. O quinto andar é um aspecto da totalidade dela, mesmo que vá além do pessoal. Embora haja apenas uma casa, ela tem camadas e dimensões.

Pressupõe-se que o quinto andar sempre tenha existido, mas que só agora tenha sido descoberto. Para a sonhadora, abriu-se uma porta para um reino da psique que estava presente e ativo o tempo todo, mas até agora percebido, graças ao extraordinário fenômeno da projeção, como outro lugar: mestres e locais exóticos distantes. O sonho traz à consciência a localização da chama numinosa eterna como realidade interior. "Assim como [no sonho, o fogo ardia] fora, [na vida, ele arde] dentro": Deus está acima e dentro. Isso é o que Jung chama de quinto estágio da consciência.[13] As Divindades projetadas das tradições religiosas desapareceram do mundo exterior e agora encontram-se dentro da psique como forças e imagens arquetípicas.

A casa é uma só. A tentativa de construir uma visão de mundo unificada que inclua o *continuum* tempo-espaço e o princípio da causalidade, com "energia indestrutível" e "sincronicidade", em uma única realidade (uma única casa) foi trabalhada por Jung com Wolfgang Pauli, físico e matemático ganhador do Prêmio Nobel.[14] A casa do sonho em questão é uma representação dessa equação. O porão e os quatro primeiros andares representam a temporalidade, a vida da sonhadora no tempo, que se estende, em direção ascendente,

---

13   *Ibid.*, § 248.

14   *Ver* C. G. Jung. "Synchronicity: An Acausal Connecting Principle." *CW* 8, § 963.

desde a base do mundo primordial do instinto animal até os níveis inconscientes culturais e pessoais, passando pelos desenvolvimentos psicológicos representados (conforme descritos por ela própria) pelos andares 1-4. Acima dessa estrutura temporal está o quinto andar, que abriga o Fogo Eterno: a sobrenatural e infinita "energia indestrutível". É tudo uma só casa, não duas. Temporalidade e eternidade se reúnem em um único todo unificado na vida do indivíduo. Essa é uma imagem para o nosso tempo. Esse é um sonho para o nosso tempo.

Na Suíça, onde moro, muitas vezes as casas são chamadas por algo que ficou historicamente associado ao local. O escritório que uso em Zurique fica em um prédio chamado *zum Schwanen*, "dos cisnes". Descendo a rua, do outro lado do rio, há um hotel adorável chamado *Hotel zum Storchen*, "Hotel das Cegonhas". A casa dessa sonhadora pode ser chamada, com sua permissão, "A Casa da Chama Eterna" (*das Haus zur ewigen Flamme*). Quem entrar nessa casa e for convidado a subir à sala do alto terá a oportunidade de ver o fogo que não se consome. Sua energia não provém do mundo material do gás e do petróleo; sua origem está em um reino além da temporalidade. Com efeito, o arquetípico estabeleceu residência na personalidade individual. É onde agora vivemos o eterno e o não temporal: a personalidade individual tornou-se um *temenos*, um espaço sagrado. O arquetípico e o individual são uma só substância.

Depois de viver com o sonho do fogo eterno por um tempo considerável, a sonhadora teve outro sonho que dava seguimento ao já descrito, o que indica mais um passo em seu processo de individuação e constitui uma mensagem importante para outros que também puderem ter um vislumbre da existência e do local da Quinta Dimensão.

> *Sonhei que entrava em uma igreja cristã, um templo védico e um mosteiro budista. Todos os três eram familiares e convidativos, mas então, no sonho, lembrei-me do fogo central e pensei: "Não preciso mais estar aqui em nenhuma dessas religiões. O fogo vivo é o que está dentro".*

Para a sonhadora, a descoberta do cômodo do quinto andar de sua casa representa uma iniciação e uma conclusão do processo de conscientização daquilo que está dentro dela. Mas essa percepção não é uma conclusão de seu trabalho. Ela recebe uma ordem da figura chamada Mestre: "Deixe a porta aberta para que outros entrem". Ao que parece, sua casa tornou-se um templo e seu mundo interior, um tesouro que devem ser mostradom e compartilhados. Essa é a base da comunidade espiritual invisível que hoje está se tornando global.

A Divina Comédia, de Dante: uma Jornada ao Mistério da Transformação

—◦◦◦—

Prelúdio

Há algum tempo, *A Divina Comédia*, de Dante, tem sido para mim uma companhia constante. Estou terminando este ensaio em fevereiro de 2021 em minha casa em Goldiwil, na Suíça, onde fiquei isolado durante a pandemia de coronavírus, que lançou sua sombra sobre grande parte do mundo em 2020. Nesse período sombrio, li o poema de Dante em várias traduções para o inglês, cada vez com maior admiração pela profundidade do *insight* psicológico nele contido. Agora, mais do que nunca, compreendo a imensa dedicação dos muitos ilustres estudiosos que passaram toda a sua vida profissional estudando essa obra. Quando se é fisgado pela magnificência de *A Divina Comédia*, nunca se está livre de seu poder de encantar e ensinar. Dante capta e reformula todo o mundo conhecido de sua época de uma maneira singular nesse poema. Ele é uma criação inédita muito semelhante à criação do mundo em seis dias pelo Senhor que vemos descrita na Bíblia. Dante transformou aqui toda a extensão das culturas clássica e cristã em um artefato pessoal de assinatura inimitável. Como um todo, essa obra está além de minha compreensão, tão profunda, complexa e abrangente é sua cobertura diferenciada deste mundo e do que vem depois.

É uma coincidência significativa neste momento específico da história que os problemas enfrentados por Dante em seu mundo sejam muito semelhantes aos nossos. As divisões políticas e sociais hostis que afligiram Florença em sua época estão igualmente presentes no mundo contemporâneo, em que uma ânsia desenfreada de poder extinguiu a possibilidade de uma vida comunitária e cooperativa. Estamos tão divididos em nossa política quanto estava Florença nos dias dos guelfos e dos gibelinos, há 700 anos. Onde só há poder, não há amor: esse era o problema de Dante, e é também o nosso. Dante conseguiu chegar a uma brilhante solução para si mesmo trilhando um caminho interior em meio a um mundo imaginal. Acredito que, se lermos sua narrativa com atenção, descobriremos caminhos sugestivos para enfrentar nossos próprios dilemas. Podemos até encontrar uma razão para esperança. Uma leitura profunda pode, inclusive, instigar uma experiência psicologicamente transformadora no leitor.

A Divina Comédia é uma magnífica expressão artística da transformação psicológica e espiritual vivida no contexto específico da cultura medieval de Dante. Seu poema representa etapas distintas de um processo de individuação na forma de uma jornada por três espaços imaginais chamados Inferno, Purgatório e Paraíso. O que me interessa destacar aqui é esse desdobramento psicológico na narrativa. Não sou estudioso de Dante e só li essa magnífica obra de arte em tradução. Portanto, estou tristemente surdo à musicalidade de sua linguagem poética, embora possa ouvir um pouco dessa musicalidade ao longe, nas excelentes traduções para o inglês disponíveis. Além disso, tenho plena consciência de que a profundidade e a precisão do *insight* que essa obra oferece estão além de meu poder de descrição. Nesse sentido, tenho uma sensação muito parecida com a de Dante quando confessa que suas experiências imaginais vão muitas vezes além de sua capacidade de descrever em palavras. O poema leva-nos a sentimentos e mostra-nos imagens que são indefiníveis e estão acima de nosso poder de descrição por meio da linguagem, induzindo uma espécie de suspensão cognitiva.

Por todas essas razões, devo aventurar-me cautelosamente em uma exploração dessas águas profundas, mas prossigo com a esperança de poder capturar alguns dos desenvolvimentos psicológicos mais essenciais do poema na rede da teoria junguiana da individuação. *A Divina Comédia* pode nos ensinar algo de significativo e relevante sobre o processo de individuação da segunda metade da vida hoje? E a teoria da individuação pode nos ajudar a entender mais a fundo *A Divina Comédia*? Creio que a resposta a ambas as perguntas seja afirmativa. Gostaria de pensar em minha empreitada aqui como um intercâmbio dialético entre uma obra literária e uma teoria psicológica, cada qual contribuindo com algo importante para a discussão da individuação e cada qual aprendendo uma com a outra.

Introdução

Em sua última obra, *Mysterium Coniunctionis*, C. G. Jung descreve três estágios do desenvolvimento psicológico que ocorrem em geral na segunda metade da vida. Ele começa com uma crise na meia-idade, que abala a *persona* anteriormente aprimorada, suas atitudes culturais finamente sintonizadas e sua orientação voltada para objetivos específicos de realização social e profissional. Muitas vezes, essa crise é iniciada por uma perda drástica – de uma posição social ou profissional, de um ente querido, de uma pessoa idealizada ou de um sistema de crenças adotado –, após a qual se instala um período de desorientação e desilusão. Jung viveu essa crise aos 37 anos, após o rompimento da relação com Sigmund Freud. Dante a vivenciou mais ou menos na mesma idade, após seu exílio da casa em que vivia na cidade de Florença. Enquanto a jornada de individuação de Jung prosseguiu até sua morte muitos anos depois, aos 86 anos, a de Dante terminou com sua morte aos 56 anos em Ravena, logo depois de concluir *A Divina Comédia*.

O que encontramos na obra-prima de Dante é o relato singular de uma estranha jornada pelas terras dos mortos que apresenta uma notável história de individuação na segunda metade da vida. Essa jornada constitui uma peregrinação que revela claramente graus crescentes de desenvolvimento psicológico e espiritual à medida que o protagonista avança. O personagem principal da história, ou seja, a figura do peregrino Dante, vive uma jornada de individuação. Ao mesmo tempo, o poeta Dante transforma esse processo em uma obra de arte. Assim como Jung, que elaborou *The Red Book: – Liber Novus* (*O Livro Vermelho: – Liber Novus*) ao longo de mais de uma década, Dante compôs *A Divina Comédia* durante um período igualmente longo, de 1308 a 1321, conforme estimam os estudiosos. Embora afirme que a experiência sobre a qual escreve ocorreu em apenas alguns dias, enquanto estava em Roma, na Semana Santa de 1300, Dante passou os vinte anos seguintes pensando e escrevendo sobre ela, para finalmente criar o poema como nós o recebemos. Tanto o excepcional dom psicológico do poeta para a experiência visionária quanto seu notável talento literário para a expressão poética contribuíram para criar a obra de arte que conhecemos pelo nome de *A Divina Comédia*.

A história é contada na forma de recordação de uma experiência do passado que Dante só conta mais tarde no poema. Não é impossível que a experiência central sobre a qual ele escreve tenha ocorrido num curto período de tempo. No entanto, a composição de seu relato demorou muito mais tempo. É uma joia brilhantemente polida; um poema que exibe o mais rigoroso controle da forma: exatamente 100 Cantos divididos igualmente em três Cantos (*Inferno*, *Purgatório* e *Paraíso*), o primeiro dos quais com um Canto extra que serve de introdução, e tudo isso escrito na "preternaturalmente forte *terza rima* italiana",[1] uma forma poética que Dante inventou especificamente para sua obra. A história contém uma mistura complexa de eventos e personalidades da vida e da época do poeta, além de muitas figuras clássicas gregas e romanas, personagens bíblicos e religiosos, imagens e histórias muitas vezes oferecidas por sua imaginação com choque e surpresa. O resultado é uma das maiores obras de toda a literatura mundial; o resultado psicológico da jornada é aquilo a que me referirei como transformação no curso da individuação.

Na qualidade de psicanalista junguiano, estou tomando *A Divina Comédia* menos como obra de arte que como registro da transformação psicológica alcançada por meio do que hoje chamamos de imaginação ativa. O poema é o registro de um processo de individuação que começa na meia-idade, em um estado de confusão e escuridão (o estado de *nigredo*, na linguagem da alquimia), depois passa por uma longa série de confrontos imaginais com temas e figuras da sombra e de avanços por meio de reflexão e análise rigorosas para chegar ao estado de *albedo* (na alquimia, também chamado de "branqueamento"). Por fim, o poema chega ao estado de *rubedo*, o brilhante "avermelhamento" do *opus* alquímico, que sinaliza que o "ouro" alquímico surgiu da transformação da *prima materia* colocada no vaso no início do processo. No poema do poeta, essa transformação no interior do vaso alquímico espelha a simultânea transformação psicológica no interior do alquimista. Dante não apenas *escreve sobre* o processo que

---

1 Tomo de empréstimo a descrição de Harold Bloom em *The Western Canon*, p. 82.

observa; ele está o tempo todo *participando do* processo sobre o qual está escrevendo.

Esses estágios de transformação alquímica correspondem às fases de individuação descritas por Jung no capítulo final de *Mysterium Coniunctionis*, "A Conjunção", no qual explica o significado psicológico do processo alquímico descrito pelo alquimista Gerhard Dorn. Dorn descreve os três estágios da união alquímica, ou *coniunctio*, como: 1) a separação entre a alma e o corpo (estado de *unio naturalis*) e a subsequente união entre a alma e o espírito (estado chamado de *unio mentalis*), que deixa para trás e fora de cena o corpo (essa é a fase de *nigredo*), 2) a (re)união da *unio mentalis* com o corpo, que marca uma transformação do corpo (a fase de *albedo*) e 3) a união dessa síntese de corpo, alma e espírito com o *unus mundus*, uma realidade transcendente (a fase de *rubedo*). Argumentarei que o peregrino Dante retratado em *A Divina Comédia* alcança o estado de *unio mentalis* no segundo Canto, *Purgatório* (Estágio 1). Daí, ele prossegue com Beatriz, que o conduz, através dos fogos e das águas, para fora do Purgatório rumo ao Paraíso, onde seu corpo se torna um corpo sutil, que representa uma união entre *unio mentalis* e corpo em uma nova síntese (Estágio 2). Em seu novo corpo, Dante não está sujeito à gravidade e não emite sombra. No Paraíso, ele recebe instruções espirituais de vários mestres ilustres e submete-se a uma série de exames rigorosos que o qualificam para as visões numinosas finais da Rosa Celestial e da Santíssima Trindade. É além dessas visões que ocorre um momento eletrizante de transformação que cria uma união permanente com o *unus mundus* (Estágio 3). O resultado líquido de sua jornada imaginal é a individuação em seu mais alto grau. Essa é a lente psicológica que estou usando em minha leitura de *A Divina Comédia*.

Será que Dante Alighieri, o homem, realmente teve as profundas experiências transformadoras que descreve de maneira tão convincente em sua obra? Caso a resposta seja afirmativa, ele as teve antes de escrever a seu respeito ou enquanto compunha o poema? Enquanto conta a história, o poeta olha para trás, com memória vacilante, buscando experiências que ocorreram em Roma durante e logo após a Semana Santa de 1300. *A Divina Comédia* poderia muito bem basear-se na série de intensas experiências visionárias que Dante teve durante esse breve período, as quais lhe forneceram a *prima materia* para a obra-prima literária que, mais tarde, ele viria a estruturar com todo o cuidado e acabar com imenso investimento intelectual. À experiência original, ele teria adicionado material que a amplificou, dando-lhe mais corpo e mais detalhamento. Portanto, na obra concluída, Dante relataria um episódio visionário central ocorrido num curto espaço de tempo, algo como uma semana, que lhe exigiu anos de reflexão e elaboração imaginativa para apresentar em toda a amplitude da vastidão e do significado que implicava. O produto final é claramente o resultado de um longo processo de digestão cognitiva, que pode muito bem ter tido em sua base uma experiência numinosa avassaladora ocorrida durante aqueles dias espiritualmente carregados do fim de semana da Páscoa do primeiro Jubileu cristão, instituído em 1300 pelo Papa Bonifácio VIII.

A multiplicidade de detalhes do poema é demasiada para ser considerada aqui. A seleção de cenas e personagens que escolhi enfocar são os que vejo como alguns dos momentos críticos de transformação na jornada de individuação retratada no poema. Não pretendo que este seja essencialmente um estudo psicobiográfico do desenvolvimento psicológico e espiritual pessoal de Dante. O que, sim, pretendo é abordar o poema como expressão profundamente ponderada de um processo que tem fontes arquetípicas de energia e, em última análise, é ditado e movido pelo *Self*. Sem dúvida, o desenvolvimento psicológico de Dante e seu trabalho como poeta estavam profundamente entrelaçados, como era o caso dos alquimistas e dos processos de transformação que eles promoviam no laboratório. *A Divina Comédia* é um testemunho da transformação psicológica como processo arquetípico, mas sem dúvida é também a história da transformação pessoal de Dante Alighieri.

Ato 1 – A jornada pelo Inferno: *nigredo*

Na compreensão alquímica da natureza humana expressa por Gerhard Dorn, há três aspectos básicos: corpo, alma e espírito. No início, a alma tende fortemente a se fundir com o corpo e, na concepção de um ser humano, ela o faz e depois apega-se compulsivamente a ele. Isso se chama *unio naturalis*. Essa união é ordenada pela natureza. Porém o termo "corpo" também tem um significado mais amplo, na medida em que inclui todo o mundo fenomênico. O apego da alma estende-se além do corpo físico à mãe, em primeiro lugar, e a toda a existência material e física, mais tarde. Nesse apego, inclui-se toda a vida social, econômica, profissional e política da pessoa. O "corpo" ao qual a alma está ligada torna-se toda a dimensão horizontal da vida no mundo. A alma fica totalmente absorvida em tudo isso e, por certo tempo, nada sabe de outra coisa.

Essa é a condição de Dante antes de sua crise na meia-idade e de sua subsequente jornada imaginal pelas três regiões da vida após a morte. Sua consciência estava totalmente imersa na sua vida como homem físico, como membro eminente de uma família importante de Florença, como figura política de sua comunidade e como poeta do amor cortês de fama cada vez maior. Dante era apegado a seu mundo imediato e com ele estava intensamente comprometido; toda a sua energia era investida em uma infinidade de atividades diárias importantes. Corpo e alma, no sentido alquímico, casaram-se em estreito abraço. Isso não significa que ele não tenha experimentado alguns pequenos traumas e contratempos no amor e no trabalho, mas, no geral, a primeira metade de sua vida teve uma bem-sucedida progressão ao longo dos níveis apropriados.

Segundo Dorn, o que permanece fora dessa estreita união entre corpo e alma é o terceiro elemento: "espírito". Espírito é Logos no sentido elevado da palavra. Conota Verdade e Significado supremo por oposição ao significado social ou temporal. O apego da alma ao corpo aporta uma sensação de finalidade ao plano mundano e horizontal por sua atividade em questões mundanas, mas não tem finalidade no plano espiritual. O mundo do espírito paira acima do casal alma/corpo e é alheio a ele.

O *Self*, no sentido junguiano da palavra, exige mais consciência do que a que é oferecida pelo plano horizontal. A identificação psicológica de cada um com seu tempo, lugar, tarefas práticas, *persona* e assim por diante é o resultado natural do desenvolvimento na primeira metade da vida, que é sucedido por outros estágios de individuação na segunda metade da vida. É a esse desenvolvimento posterior que o alquimista Gerhard Dorn se refere como a criação da *unio mentalis*, que é a união entre alma e espírito, agora deixando para trás o corpo. Esse estágio de desenvolvimento requer, antes de tudo, uma separação entre alma e corpo, retratada como morte no imaginário alquímico. Isso traz ao processo a fase de *nigredo*, o início da individuação da segunda metade da vida. O movimento em direção à *unio mentalis* tem início quando os hábitos de investimento da alma na vida são dificultados e frustrados por eventos do plano horizontal: fracassos, doença, morte de entes queridos. A jornada de individuação começa com uma ruptura nos padrões de vida estabelecidos que provoca um mergulho em um estado mental de confusão e alienação psicológica radical do que até então fora um mundo familiar de identidade e atividade da *persona*.

A Divina Comédia começa dramática e precisamente nesse momento de crise. O poeta desperta, perdido, em uma floresta escura e encontra animais perigosos bloqueando seu caminho. Ele não consegue desviar-se deles e voltar para casa, para o ambiente familiar em que sua identidade fora forjada e situada. Nas linhas iniciais de *A Divina Comédia*, Dante faz uma retrospectiva desse momento aterrorizante:

> Da vida, ao meio da jornada
> tendo perdido o caminho verdadeiro,
> achei-me embrenhado em selva escura.
>
> Descrever qual fosse tal aspereza
> umbrosa, é tarefa assaz penosa, que a
> memória relutz em relembrar.
>
> Tão triste era que na própria morte
> não haverá muito mais tristeza. [...][2]

Embora com certa relutância, Jung falaria desse momento crítico da vida para seus jovens alunos do Instituto Federal de Tecnologia de Zurique (ETH) como alguém familiarizado com seus desafios psicológicos:

> Na verdade, não devo enfatizar essa guinada diante de tantos jovens; não lhes diz respeito e, no entanto, talvez seja melhor que a conheçam. Existe um ponto por volta do trigésimo

---

2 Dante. *A Divina Comédia: Inferno* 1: 1-6. São Paulo: Cultrix, 1966, p. 27 (fora de catálogo).

quinto ano em que as coisas começam a mudar, é o primeiro momento do lado sombrio da vida, da descida à morte. Está claro que Dante encontrou esse ponto. [...] Quando chega o momento dessa guinada, as pessoas o encontram de várias maneiras: algumas procuram afastar-se dele, outras mergulham nele e, com outras ainda, algo importante acontece externamente. Se não virmos nada, o destino o faz por nós.[3]

Dante mergulhou nele, assim como fez Jung quando passou pelas experiências apresentadas em seu *Liber Novus*.

Felizmente, para Dante, surge um guia quando ele está ficando cada vez mais desesperado: o poeta Virgílio emerge das sombras. Fora enviado como emissário pela *anima* arquetípica de Dante, sua alma, sua amada Beatriz, que observava sua temível situação de longe, de seu lugar no reino transcendente do Paraíso. Ela implora a Virgílio que vá em auxílio de Dante, nos doces tons de um ser amado:

Ó gentil e nobre espírito mantuano, cuja glória no mundo inda perdura e durará tanto quanto a espécie humana:

---

3 C. G. Jung. *Modern Psychology*, p. 223.

Um meu amigo, mas não (amigo) da sorte, em lugar solitário e perigoso está aflito a procurar angustiado modo de fugir dali.

Está perdido. Creio que para salvá-lo minha proteção não baste, conforme ouvi no Céu, que é onde habito.

Socorre-o tu, com teu verbo eloquente e, com isso, em muito serei também consolada.

Sou Beatriz, rogo-te que partas.
É o amor que me leva suplicar-te.[4]

Beatriz

---
4 Dante. *A Divina Comédia: Inferno* 2: 58-72, p. 31.

A intervenção de Beatriz e a orientação de Virgílio se revelarão decisivas na jornada de Dante. Sem elas, Dante se consumiria espiritualmente em um irremediável impasse com poderosas forças instintivas que lhe impedem o progresso: três feras ameaçadoras que bloqueiam seu caminho até o cume. Uma é um leão, um símbolo do orgulho, presumivelmente o do próprio Dante e também o de seus oponentes em Florença; a segunda é um leopardo, um símbolo da luxúria e do apego desesperado aos prazeres da carne, aos quais Dante era especialmente propenso. A terceira, e a pior de todas, é uma loba insaciável, enviada do Inferno pela Inveja, um símbolo da avareza. A loba nunca se sacia: na verdade, quanto mais come, mais faminta fica.

Vendo-se desamparado, Dante não sabe como superar essas forças primitivas de sua natureza, que manteriam sua alma paralisada, irremediavelmente enredada em conflitos fúteis consigo mesmo e com os demais. Ele está perplexo, sem saber como proceder na vida, mas Virgílio tem uma sugestão: "Convém que tomes outro caminho, isso porque a fera que te faz tremer e recear a ninguém deixa passar são e salvo".[5] Esse outro caminho levará a uma descida às mais negras trevas do submundo e, de lá, ascenderá a reinos de transcendência situados além dos limites do conhecimento racional. Isso é o que hoje chamaríamos de uma jornada de individuação de transformação psicológica dos reinos do inconsciente para o *Self*.

---

5 *Ibid., Inferno* I: 91-92, p. 28.

Virgílio o guiará a um caminho que os levará a uma incursão ao interior do submundo. Essa descida segue o padrão clássico da jornada do herói, conforme descrito na *Odisseia* de Homero e na *Eneida* de Virgílio. É também o caminho para o inconsciente que Jung descreve em *Liber Novus*.

No início, Virgílio dá a Dante uma descrição preparatória da jornada que têm pela frente. Primeiro, diz-lhe ele, passarão pelo mundo sombrio do Inferno, "ali, ouvindo gritos lancinantes, verás almas antigas, padecentes, chamar em altos brados por segunda morte".[6] As pessoas que estão no Inferno lá permanecerão para sempre; seu tormento é eterno. Elas aguardam sem esperança pela "segunda morte", que acontecerá no Dia do Juízo Final. Do Inferno, os poetas seguirão para o Purgatório, onde "Outras verás, depois, que, em meio ao tormento do fogo, cultivam a esperança de alcançar o prêmio de subir para o seio da bendita gente".[7] Essa jornada pelos reinos das sombras, onde as almas estão para sempre presas (Inferno) e onde outras almas estão no processo de purificação (Purgatório), os levará à entrada do Paraíso, onde "precisarás de outro guia, superior a mim",[8] diz Virgílio, referindo-se a Beatriz, a *anima* transcendente.

Na jornada pelo Inferno, Dante descobre o que acontece quando a individuação é rejeitada como opção de vida. As cenas mostram as consequências do apego compulsivo e

---

6 *Ibid.*, I: 112-114, p. 29.
7 *Ibid.*, I: 115-16, p. 29.
8 *Ibid.*, I: 117, p. 29.

irredutível (irrefletido) da alma ao corpo. Trata-se de pessoas que, em vida, se recusam a renunciar aos objetos de suas paixões injustificáveis ou mesmo a tentar libertar-se da força de seus desejos. Elas representam a psique que resiste ao desenvolvimento da *unio naturalis* para a *unio mentalis*. Dante com frequência sente empatia por tais pessoas. Quem não sentiria? Não é natural recusar o convite para uma consciência maior? Essa é, como todos sabem, a lamentável condição humana. Dante também fica horrorizado diante do que vê. Não fosse por Beatriz e por Virgílio, ele poderia muito bem ficar preso aqui também, paralisado para sempre pelo orgulho e pela luxúria e devorado pela loba da avareza.

Deve-se reconhecer que a separação entre alma e corpo é emocionalmente dolorosa, um *opus contra naturam*, como escreve Jung a respeito quando descreve os desafios enfrentados por quem tenta empreendê-la:

> Já que *anima* o corpo, [...] a alma tende a favorecer o corpo e tudo o que é corporal, sensual e emocional. Presa às "correntes" de *Physis*, ela deseja "além da necessidade física". [...] [A] separação significa retirar a alma e suas projeções da esfera corporal e de todas as condições ambientais relativas ao corpo. [...] [O] discípulo terá todas as oportunidades de descobrir o lado escuro de sua personalidade, seus desejos e motivações inferiores, fantasias e ressentimentos infantis, [...] enfim, todos os

traços que ele habitualmente esconde de si mesmo. Ele será confrontado com sua sombra. [...] Ele aprenderá a conhecer sua alma, ou seja, sua *anima*, e Shakti, que para ele conjura um mundo ilusório.[9]

A separação de alma e corpo precede uma união posterior e é precondição de uma maior individuação. Isso não é uma tarefa fácil e, por sermos humanos, somos naturalmente preguiçosos e preferimos preservar nossos hábitos de sentir e agir.

Entre as cenas mais comoventes que Dante encontra durante sua jornada por esse mundo sombrio, está uma que ocorre no Segundo Círculo do Inferno, em que ele se depara com Francesca e Paolo, os amantes adúlteros. Francesca é uma imagem empática do apego passional da alma ao objeto de seu desejo. Ela evoca em Dante a lembrança de sua própria sensualidade e amor à vida no corpo. Em nítido contraste com Beatriz, que também morreu jovem e foi levada diretamente para o mais alto reino do Paraíso, Francesca é enviada para sempre para as escuras câmaras do Inferno por sua recusa a separar-se de seu amante, o irmão de seu marido. Mesmo no Inferno, ela mantém a imagem de uma bela jovem, e não demonstra nenhum remorso por seu amor adúltero por Paolo, atribuindo a culpa do caso aos poetas românticos. Primeiro, o amor invadira Paolo, e ela reagira com toda a força: "Amor, que em troca exige amor

---

9   C. G. Jung. *Mysterium Coniunctionis*, § 673.

igual tão fortemente uniu-me ao meu amante, que mesmo aqui tal união perdura. O amor nos levou a morte infame.[10] O amor sensual é uma loucura que Dante dificilmente conseguiria condenar. Em grande parte de sua poesia anterior, ele também havia entoado louvores ao amor cortês, que celebrava justamente esse tipo de *amour*. Francesca conta-lhe em detalhes gráficos a tocante história de como ambos se tornaram amantes enquanto liam um relato poético do amor culpado de Lancelote por Guinevere e, então, brada: "Culpados, pois, do nosso crime foram o livro e o seu autor".[11] Enquanto isso, Dante ouve Paolo chorar baixinho nas proximidades e vê-se tomado pela emoção: "Enquanto ela narrava a triste história, ele tanto chorava que eu, apiedado, desfaleci, tombando como corpo sem vida".[12] Dante é vencido tanto pela culpa por ser tão dissoluto quanto pela identificação febril com a paixão dos amantes.

Depois disso, é difícil para Dante prosseguir. Apesar disso, ele o faz, embora com óbvia angústia. Seu guia constante, Virgílio, a quem tradicionalmente se considera um representante da razão, pressiona-o a continuar a jornada. A transformação de *unio naturalis* em *unio mentalis* conta, nas palavras de Jung, com "[...] a ajuda do espírito, entendido como sendo todas as faculdades mentais superiores, como a razão, a percepção e a discriminação moral".[13] Esse é Virgílio.

---

10 Dante. *A Divina Comédia: Inferno* V: 100-103, p. 40.
11 *Ibid.*, V: 134, p. 41.
12 *Ibid.*, V: 137-140, p. 41.
13 C. G. Jung. *Op. cit.*, § 673.

E, mais que isso, Virgílio levará Dante a figuras que representam "[...] uma 'janela para a eternidade' e [...] transmitem à alma um certo 'influxo divino' e o conhecimento de coisas sublimes",[14] como veremos nas figuras de Beatriz e São Bernardo no terceiro Canto, *Paraíso*.

Reluto em traçar um paralelo com o trabalho psicanalítico, mas é grande a tentação de observar que Virgílio atua como um analista que acompanha um paciente por meio de percepções retrospectivas da sombra. Em meu estudo de *A Divina Comédia*, fiquei fascinado pela figura de Virgílio. Como analista, sinto uma espécie de parentesco com o papel que ele desempenha ao servir de testemunha, guia e voz de encorajamento a Dante quando a angústia da culpa e da vergonha crescem como as fúrias que ele sente em torno de si ao transpor o incrível portal do Inferno:

> Suspiros, choros, gritos altos e desesperados
> cruzavam aquele firmamento sem estrelas.
> Ouvindo-os, meu pranto também corria.
> Diversos idiomas, frases despropositadas, lamentos, vozes roucas, gritos de dor e cólera,
> mãos a flagelarem o corpo que as sustinha,
> tudo isso formava turbilhão a girar perenemente naqueles ares conturbados, qual areia
> por tufão levantada.[15]

---

14 *Ibid.*
15 Dante. *Op. cit.*, III: 22-29, p. 33.

Isso se assemelha aos momentos da análise nos quais a perspectiva de encontrar material da sombra em toda a sua realidade é muito mais que um pouco assustadora, e a tranquilidade do analista, que conhece esse território, tem um efeito calmante que permite que a jornada prossiga. Da mesma maneira, Virgílio explica a origem das vozes que clamam e exorta Dante a continuar a jornada através do Inferno para, depois, percorrer o Purgatório. É a longa e necessária jornada por todos os tons de descoberta da sombra, a jornada que precede a eventual passagem para o estágio seguinte da transformação.

Por que isso é necessário? Por que Virgílio não pode simplesmente encontrar uma maneira fácil de contornar toda essa miséria, levar Dante direto para o Céu e, uma vez lá chegados, entregá-lo a Beatriz para um voo agradável em sua recente bem-aventurança? A verdade é que não há atalhos para a individuação. Nos agora muitos anos de trabalho como psicanalista junguiano, vez ou outra vi as infelizes consequências dessa tentativa de salto sobre a sombra para o que se alegava ser "libertação", "iluminação", "verdadeiro eu" ou "consciência superior". É a triste história de um idoso. A negação e a esquivança da sombra não a eliminam. Desviar o olhar dos problemas trazidos pelo confronto ameaçador com a sombra parece uma solução fácil a curta distância; contudo, depois a pessoa retornará ao ponto inicial da jornada. A bem dizer, o tempo pode esgotar-se, e as pessoas permanecerão presas na terra sombria do sofrimento e do desespero irreversíveis, como as almas que Dante vê nos círculos do Inferno. A separação entre alma e corpo precisa ser enfrentada e trabalhada - profunda, penosa e pacientemente - para preparar a alma para sua união com o espírito na *unio mentalis*. Essa é a obra mostrada ao poeta e a seu guia no *Purgatório*.

Ato 2 – A jornada pelo Purgatório: *albedo*

Na descrição feita pelo alquimista Dorn da realização da *unio mentalis*, há primeiro um imperativo: separar a alma do corpo, ao qual se segue o de uni-la ao espírito. O primeiro é uma conquista moral; a segunda é um compromisso. Em *A Divina Comédia* de Dante, a primeira etapa ocorre por meio da observação atenta das figuras da sombra no Inferno e do registro de seu sofrimento e das razões para sua presença ali. Elas mostram as consequências de manter a alma presa ao corpo até o fim da vida. A essa etapa da jornada, segue-se a passagem pelo Purgatório, em que Dante testemunha e experimenta ele próprio, passo a passo, o processo de separação entre alma e corpo.

A saída do sombrio reino do Inferno requer, em última análise, o enfrentamento daquilo que Jung chamou de "mal absoluto".[16] Esse confronto é representado pela descida ao fundo congelado do Inferno, onde um Satã de três cabeças (a sombra da Santíssima Trindade, ao encontro da qual irá Dante no Paraíso) está envolto em gelo. Ele implica olhar de frente para a face do mal absoluto, que é, como escreve Jung

---

16 C. G. Jung. *Aion*, § 19.

em *Aion*, outra de suas obras da maturidade, "uma experiência destruidora" (*"erschütterende Erfahrung"*).[17] Quando Virgílio mostra a Dante a figura de Satã e lhe diz: "Ei, aí Lúcifer! Este é o local onde de extrema fortaleza convém que armes o espírito. O quanto, então, eu me senti gelado e oco, não me perguntes, leitor, que não o saberei dizer. Afirmo, sim, que todas as palavras para descrevê-lo são poucas.".[18] Alguns comentaristas especulam que Dante quase enlouqueceu nesse estágio. Virgílio, guia constante e emissário da divina Beatriz, leva Dante para perto de si e escorrega pelo corpo gelado do "imperador do reino doloroso erguia o peito para fora da geleira".[19] Quando chegam ao nível das coxas de Satã, sua direção subitamente se inverte, e o caminho para baixo torna-se o caminho para cima. A princípio, essa guinada bastante vertiginosa desorienta Dante porque agora, de repente, eles estão subindo e ascendendo por uma passagem estreita, ao fim da qual se veem no topo do mundo. O Inferno agora está para sempre abaixo deles, e o resto da jornada é uma ascensão à luz. Entramos agora no estágio alquímico de *albedo*.

Até aqui, Dante tem sido uma testemunha quase sempre passiva das figuras da sombra que estão para sempre presas no Inferno. Embora se envolva em conversas com os condenados, ele não é obrigado a tomar parte mais ativa na jornada. Porém a entrada no Purgatório exige sua participação,

---

17 *Ibid.*
18 Dante. *A Divina Comédia: Inferno* XXXIV: 20-24, p. 120.
19 *Ibid.*, XXXIV: 28, p. 21.

um compromisso ativo com consequências. Na entrada do Purgatório, eles encontram Catão, o arquétipo do herói moral da época romana, que os instrui sobre como prosseguir. Depois disso, se deparam com três grandes degraus coloridos no portal do Purgatório, que pedem contrição sincera (branco), confissão (preto) e ardor por boas ações (vermelho).

Ao contrário do Inferno, que é estático, o Purgatório é dedicado à mudança. Como no Inferno, há sofrimento, mas aqui há uma promessa de avanço, círculo por círculo, que culmina no acesso ao Paraíso. Os traços da sombra que precisam ser confrontados no Purgatório são representados por figuras que estão sofrendo lenta e meticulosa transformação. Enquanto a passagem pelo Inferno mostrara a Dante as consequências do apego compulsivo da alma ao corpo, a jornada pelo Purgatório torna-se uma aula magna sobre como enfrentar a sombra e separar a alma do corpo. E, dessa aula, Dante participa ativamente.

Na antecâmara do Purgatório, eles encontram os pecadores menores: Os Excomungados, Os Letárgicos, Os Condenados e Governantes Negligentes. No Purgatório propriamente dito, eles encontram sete círculos de pecadores mais graves, porém ainda esperançosos: Os Soberbos, Os Invejosos, Os Irascíveis, Os Indolentes, Os Avaros, Os Glutões e Os Luxuriosos. Cada tipo de torpeza moral precisa ser transformado por meio do processo purgativo e substituído pelas virtudes correspondentes: humildade, misericórdia, paz, solicitude, generosidade, abstinência e castidade. Cada um desses processos sucessivos exige um grau a mais de separação entre alma e corpo, além de uma união mais profunda entre alma e espírito, aproximando assim o indivíduo da *unio mentalis*. Em termos diagnósticos, isso envolve a transformação de aspectos da sombra e características de transtornos de caráter, como narcisismo patológico e tendências limítrofes. Trata-se da declaração de um desfecho ideal. Como sabe qualquer um que tenha feito análise durante muito tempo, esse processo de encontro com a sombra é um trabalho contínuo que exige comprometimento e imensa persistência. As defesas autoprotetoras do ego resistem violentamente. O Purgatório é um lugar de sofrimento salutar e significativo, ao contrário do sofrimento que vemos no *Inferno*.

Quando o anjo de Deus, que está no degrau vermelho, no alto da escada, se prepara para permitir a entrada do poeta no Purgatório, Dante se surpreende: "Sete vezes a letra P me gravou ele na fronte com a ponta daquela espada, ao tempo em que ensinava: 'Lá dentro, arrependido, lava estes traços do pecado'".[20] Essas marcas, que são as dos sete pecados capitais, serão expurgadas à medida que ele for galgando os círculos do Purgatório, e sua remoção servirá como certificação de ter ele alcançado as virtudes correspondentes. Isso constituirá a prova de que atingiu um alto nível de *unio mentalis*. A partir daqui, Dante está plenamente engajado no processo de transformação.

---

20 Dante. *A Divina Comédia: Purgatório* IX: 112-114, p. 152.

Acompanhado por Virgílio, Dante galga sucessivamente todos os sete círculos do Purgatório. Ao longo do caminho, a cada círculo ele fala com uma ou mais das almas que ali encontra imersas em seu lento e penoso processo de expurgar-se de seus respectivos pecados. Para elas, o tempo transcorrido é incrivelmente longo: anos ou séculos. Para Dante, o expurgo ocorre muito mais rapidamente. À medida que as feridas feitas pelo anjo em sua testa vão sendo lavadas, uma por uma, ele pode avançar. No caso de Dante, o tratamento é célere e eficaz. Ele parece entender a mensagem presente em cada círculo e, assim, vê-se libertado dos apegos que o manteria preso a ele.

Por fim, o Paraíso está praticamente à vista, e os dois peregrinos ouvem os anjos cantarem a curta distância. Porém, antes de ascender a esse supremo destino, Dante deve passar pelo teste do fogo. Um anjo anuncia: "Por aqui, ó almas santas, não se avança sem antes cruzar o fogo purificador. / Ao fazê-lo, não sejais surdos às vozes que além estão cantando".[21] Dante se arrepia de pavor e, compreensivelmente, reluta em seguir em frente, pois se lembra vivamente de uma cena de corpos queimados que certa vez presenciara. Mas, como Virgílio o tranquiliza ("Filho querido, aqui pode haver sofrimento, mas não morte"[22]), com muita hesitação, afinal, ele entra nas chamas:

---

21 *Ibid.,* XXVII 10-12, p. 205.
22 *Ibid.,* XXVII: 20-21, p. 205.

> Tão logo por minha vez penentrei no fogo,
> veio-me a vontade de, para encontrar refrigério,
> atirar-me em vidro fervente, tamanho foi o
> calor que então provei.
> Procurando proprorcionar-me alento, meu
> bom Guia falava-me de Beatriz: "Já me pare-
> ce ver-lhe os olhos!".[23]

O calvário no fogo do refino é o último estágio na forjadura da *unio mentalis* como estado estável da consciência. Trata-se de um momento crítico do processo de transformação. Os alquimistas teriam chamado a essa operação *calcinatio*, o tratamento pelo fogo que remove a escória e as impurezas do metal por meio da queima.

A partir daqui, Virgílio se despede:

> De mim já não esperes voz nem gsto; deves
> guiar-te por teu arbítrio, que é livre, é reto, é
> honesto, erro portanto sendo o não seguires
> os seus desejos. Eis que eu te proclamo amo e
> senhor de tua vontade![24]

A despedida entre Virgílio e o peregrino Dante é, para mim, uma das cenas mais tocantes de *A Divina Comédia*. É uma bênção comovente do poeta-pai arquetípico aos mais novos. Dante chega, assim, a um estágio de desenvolvimento que

---

23 *Ibid.*, XXVII 49-53, p. 206.
24 *Ibid.*, XXVII 139-143, p. 208.

o libera da necessidade da orientação de Virgílio. Ele agora está livre e sozinho. Longe da confusão em que estava imerso quando fora inicialmente abordado por Virgílio na floresta sombria, agora pode confiar plenamente em si mesmo e em seus impulsos. A união de alma e espírito foi atingida, e Dante está preparado para dar o primeiro passo da perna final de sua jornada rumo à realização.

Ato 3 – A jornada pelo Paraíso: *rubedo*

Quando Dante deixa o reino da sombra não resolvida conforme retrata em *Inferno*, ele entra no Purgatório, onde a luz novamente prevalece, como ocorre no alvorecer. Enquanto o Inferno representa o estado psicológico de resistência à tomada de consciência, o Purgatório equivale ao *albedo* no processo alquímico, um reino de crescente moção em direção à consciência e à transformação. Quando está prestes a deixar o Purgatório, Dante é recebido pela figura da *anima* transcendente de Beatriz. O papel da *anima* é ligar a consciência do ego ao *Self*. Ela, que desempenhara esse papel até este momento por meio de seu emissário, Virgílio, agora levará Dante ao Paraíso. Esse é o estágio de *rubedo* no processo de transformação alquímica, no qual materiais comuns (*prima materia*) se transformam em ouro alquímico.

Quem é Beatriz? A Beatriz de Dante era uma jovem de Florença por quem ele se apaixonou quando tinha 9 anos de idade. Depois disso, ele a vira apenas ocasionalmente e lamentara sua morte quando ela faleceu aos 20 e poucos anos. Desde o primeiro momento, ela foi um símbolo de sua *ani-*

ma. Como e por que ela foi levada ao Paraíso logo após sua morte e instalada entre os mais altos santos na Rosa Mística, em estreita proximidade com a própria Virgem Maria, é um mistério que permanece inexplicado. Essa elevação é uma criação peculiar à imaginação de Dante. Harold Bloom escreve sobre a audaciosa criação de Dante a seu modo inimitável: "Nada na literatura ocidental [...] é tão sublimemente escandaloso quanto a exaltação de Dante a Beatriz, sublimada da condição de imagem de desejo a *status* angelical [...]".[25] A sublimação (*sublimatio*) é um processo familiar na alquimia, referindo-se à transformação de material vil (*prima materia*) em *lapis philosophorum*: pedra filosofal, "ouro" alquímico. Foi o que aconteceu com a figura humana de Beatriz. Ela se tornou uma representação simbólica exaltada do arquétipo da *anima*. No nível básico, a *anima* é uma geradora de ilusões por meio do mecanismo psicológico da projeção, mas em outro estágio de desenvolvimento, ela é a intermediária entre ego e *self*. Essa é a *anima* como a vemos na figura de Beatriz em *Paraíso*. Para Bloom, um crítico literário, essa transformação é "sublimemente escandalosa". Entretanto, para um psicanalista junguiano ela não é tão estranha. Beatriz, outrora humana, torna-se arquetípica com a morte e, agora, no mundo interior da psique, toma a forma de um corpo sutil e habita o reino da realidade simbólica. Como *anima* nesse sentido, Beatriz agora se torna a guia de

---

25   H. Bloom. *The Western Canon*, p. 72.

Dante e o levará para além do limiar, até o centro do *Self*, que é representado em *A Divina Comédia* como a Trindade.

Para se juntar a Beatriz em seu mundo transcendente, o peregrino Dante deve submeter-se a um processo de sublimação e, também, tornar-se um corpo sutil. Isso ocorre perto do fim do *Purgatório*, quando ele imerge no rio Lete, que o expurga de seu passado e, em seguida, bebe com gosto das águas do Eunoé, que o restauram à sua essência primitiva original. Aqui, Dante alcança a plena *unio mentalis*: seu corpo, que até agora projetava uma sombra, transforma-se em um corpo sutil que é transparente e deixa de estar sujeito à gravidade. Sua alma está agora unida ao espírito, e essa unidade é representada em um novo corpo transfigurado. Quando a alma se compromete absolutamente com o espírito, a consciência se transforma. Ela participa da vida como corpo sutil e participa de uma "quinta dimensão", como às vezes a chamam os filósofos contemporâneos da religião.[26] Em *Paraíso*, as figuras celestes que Dante encontra são bem diferentes das figuras fisicamente vivas retratadas em *Inferno* e em *Purgatório*. Elas são visíveis, porém mais efêmeras. A respeito dessa transformação do corpo, Jung cita o alquimista Dorn:

> Por fim, o corpo é impelido a resignar-se e a obedecer à união dos dois que estão unidos [alma e espírito]. Essa é a maravilhosa transformação dos Filósofos, a do corpo em

---

26   J. Hick. *The Fifth Dimension: An Exploration of the Spiritual Realm.*

espírito, e deste em corpo, da qual nos deixaram os sábios o dito: Fazei do fixo, volátil e do volátil, fixo, e nisso tendes nosso Magistério. Entendei-o da seguinte maneira: tornai maleável o corpo inflexível, de modo que, pela excelência do espírito que se une à alma, se torne um corpo mais estável, pronto a suportar todas as provações. Pois que o ouro é testado no fogo.[27]

Dante ainda tem à frente algumas provações.

Embora seja um símbolo de Eros no sentido mais elevado do significado de Amor, Beatriz fala, surpreendentemente, na linguagem exaltada do Logos quando instrui Dante e lhe mostra a sublime arquitetura do Universo. Nessa etapa da jornada, o poeta Dante vai além da memória e da maestria poética (conforme expressa na presença de Virgílio) e emprega a imaginação visionária que revela as formas e estruturas primordiais do Ser, a saber, as bases da psique coletiva. Trata-se do mundo dos arquétipos, em cuja entrada, como escreve Jung, auxilia "[...] o espírito [que] é também uma 'janela para a eternidade' e [...] confere à alma certo 'influxo divino' e o conhecimento de uma ordem superior do mundo [...]".[28] Tal ânimo visionário é mediado por Beatriz. Aqui, a imaginação de Dante é do tipo que descreve Henry Corbin nos escritos do místico sufista Ibn 'Arabi. Corbin

---

27 Citado por C. G. Jung. *Mysterium Coniunctionis*, § 685.
28 *Ibid.* § 673.

argumenta que esse tipo de imaginação revela objetivamente o mundo espiritual invisível:

> Essa manifestação [de Deus] não é perceptível nem verificável pelas faculdades sensoriais; a razão discursiva a rejeita. É perceptível apenas pela Imaginação Ativa [...] nos momentos em que domina as percepções sensoriais humanas, nos sonhos ou, melhor ainda, em estado de vigília. [...] O "lugar" desse encontro não está fora da totalidade Criador-Criatura, mas sim na área de seu interior que corresponde especificamente à Imaginação Ativa, de modo semelhante ao de uma ponte que une as duas margens de um rio. A travessia em si é essencialmente [...] um método de compreensão que transmuta dados sensoriais e conceitos racionais em símbolos quando os faz efetuar essa travessia.[29]

Em *Paraíso*, Dante recorre a esse tipo de Imaginação Ativa, que vai além da metáfora, transgride os limites das capacidades mentais conscientes e "mostra" (*darstellen* = retratar, exibir, revelar) um mistério supremo. Jung opera nesse modo ao escrever sobre as visões numinosas que teve enquanto se recuperava da doença em seus últimos anos:

---

29   H. Corbin. *Alone with the Alone*, pp. 188-189.

Nunca pensei que se pudesse viver uma tal experiência, e que uma beatitude contínua fosse possível. Essas visões e acontecimentos eram perfeitamente reais. Nada havia de artificialmente forçado; pelo contrário, todos tinham em si uma qualidade de extrema objetividade. [...] A objetividade vivida [...] nas visões pertence à individuação que se cumpriu. Ela significa desprendimento dos juízos de valor e daquilo que designamos por liames afetivos.[30]

O que Dante descreve em *Paraíso* é uma revelação da estrutura sutil do cosmos e de sua organização energética fundamental. As preleções de Beatriz são geométricas e seu grau de clareza e exatidão é matemático. Embora lembrem um curso universitário de astronomia ou de física, elas são proferidas com profundo sentimento de alma, de amor. Nisso, Beatriz simboliza a sublime realidade da *unio mentalis*, a união de alma e espírito, Eros e Logos, na forma feminina de um corpo sutil. Nesse reino, Dante fala do tornar-se "trans--humano" (*transumanar*[31]). Em certo sentido, ele e Beatriz não têm corpo; contudo, mais precisamente, ocupam um corpo imaginal ou sutil, pois ainda têm forma distinta: são figuras da Imaginação Ativa no sentido que Henry Corbin atribui ao termo.

---

30 C. G. Jung. *Memories, Dreams, Reflections*, pp. 295-296.
31 Dante, *A Divina Comédia: Paraíso*. I: 70.

Os Cantos de *Paraíso* que levam à suprema revelação final descrevem em ordem cuidadosa os diversos reinos de toda a criação. Há uma subida de um espaço chamado de Paraíso Terrestre pelos círculos de planetas e astros até alcançar o exaltado Empíreo. Uma vez ali, Beatriz mostra a Dante a maravilhosa Rosa Mística, coroada pela Virgem Maria, na qual ela própria ocupa um posto de destaque. De repente, Beatriz desaparece, e Dante ganha um novo guia, o famoso místico medieval e devoto da Virgem Maria, São Bernardo. Agora, resta-lhe apenas presenciar a sublime visão da Santíssima Trindade. As lições educativas ministradas por Beatriz, pelos Apóstolos e por São Bernardo a Dante em *Paraíso* destinam-se a prepará-lo para esse *nec plus ultra*, descrito no 100º e último Canto de *A Divina Comédia*. Essa é a cena em que se realiza o terceiro estágio do *Mysterium Coniunctionis*, delineado por Gerard Dorn e explicado por Jung: a união do corpo, transformado pela *unio mentalis*, com o *unus mundus*. Na visão de Jung, "do ponto de vista psicológico, isso consistiria em uma síntese do consciente com o inconsciente".[32]

Inicialmente, São Bernardo insta Dante a olhar para cima e seguir "minha vista penetrava cada vez mais os raios da Luz Altíssima que por si mesma existe, verdadeira".[33] Quando se volta para aquela luz e a mira fixamente, o poeta tem um vislumbre da Unidade total (o *Self*, na terminologia de Jung):

---

32 C. G. Jung. *Mysterium Coniunctionis*, § 770.
33 Dante. *A Divina Comédia: Paraíso* XXXIII: 53-54, p. 329.

Internado que fui em tao ardente foco, vi,
no centro, unido pelo amor em um único ser
tudo quanto contém o Universo.
Substâncias, acidentes e atributos, fundidos
por um sopro vivificador, ali se apresentavam
por forma tão gloriosa que de sua grandeza
tudo quanto digo é apenas ideia muito pálida.
Creio haver divisado, nequele estreito nó, a
inteira forma universal, pois tanto mais sinto
meu ser inundado de alegria quanto mais de
tal maravilha falo![34]

É uma visão da totalidade que absorve de uma só vez e, ao
mesmo tempo, compreende toda a história e sua essência
energética de amor. Enquanto olha fixamente para a luz,
Dante vislumbra alguns detalhes:

Na profunda e clara essência de Deus,
três círculos surgiram que me pareceram de
três cores distintas, mas de igual conformação.
Semelhando íris que de íris fosse rflexo, acre-
ditei que de ambos, por modo igual, derivava
a flama do terceiro.[35]

Então, essa visão de três esferas girando em círculos se dife-
rencia ainda mais, e Dante vê, em uma delas, vagamente re-

---

34 *Ibid.*, XXXIII 85-93, p. 330.
35 *Ibid.,* XXXIII 115-120, pp. 330-331.

presentada uma forma humana. Ao contemplar tal mistério, ele atinge o limite de suas capacidades e confessa: "A tão alta compreensão não me conduziram as asas da minha mente; todavia, eis que fulgor divino veio sacurdir-me e saciar o meu desejo de tal verdade penetrar.[36] Esse súbito lampejo de percepção visionária marca o ponto final e supremo da união de transformação espiritual e psicológica de Dante: a união com o *unus mundus*. O resultado é expresso em palavras simples porque excede a linguagem sublime que até um grande poeta poderia inscrever em verso:

> Neste ponto fatou alento à minha inspiração.
> Mas já então, Deus dominava minha vontade,
> fazendo-a conforme ao seu Amor, qual roda
> obediente a mando do motor – Amor que
> move o Sol e as mais estrelas.[37]

---

36 *Ibid.*, XXXIII 139-141, p. 331.
37 *Ibid.*, XXXIII 142-146, p. 331.

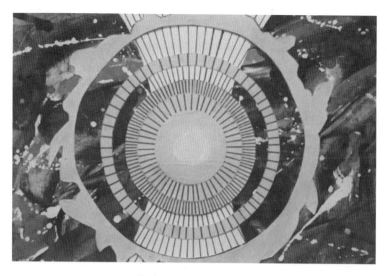

O Amor que Move o Sol

O poeta não consegue descrever o que viu nessa visão. Está além de sua imaginação e de sua capacidade verbal. Minha impressão é que ele contemplou o fundo do inconsciente coletivo, o *Self*, onde Tudo se torna Um. Entretanto, ocorre algo ainda mais importante: ele vivencia a união com o *Self* e investe-se de Amor, sua energia fundamental. A individuação atinge aqui seu objetivo final e, agora, completa-se até o ponto que é possível ao ser humano.

Dante faleceu na "noite de 13 de setembro [de 1321], logo depois de terminar os cantos finais de *Paraíso*".[38] "Reza a lenda que Dante era apontado nas ruas como o homem que, de algum modo, regressara de uma viagem ao Inferno, como se fosse uma espécie de xamã."[39] Pode-se acrescentar

---

38 T. G. Bergin. *Dante*, p. 44.
39 H. Bloom. *The Western Canon*, p. 83.

que, em seu relato poético da viagem ao Inferno, ao Purgatório e ao Paraíso, Dante mostra aos leitores de seu poema até onde pode estender-se o processo da individuação. Começa em perda, confusão e temor, depois passa por penitência, reflexão e transformação e, finalmente, atinge os mais altos níveis de integração espiritual e psicológica. Isso tornaria Dante um verdadeiro profeta e, para culminar, ao estilo de um exímio poeta.

Poslúdio

O resultado do processo de transformação em três estágios, descrito por Dorn e interpretado por Jung, é uma personalidade transformada, como retrata de maneira tão comovente *A Divina Comédia*. Como psicoterapeutas, tendo em vista nossa experiência no trabalho com os pacientes que estão em processo de individuação, poderíamos perguntar-nos até que ponto essa possibilidade é real ou apenas uma fantasia – de alto nível, claro, mas, mesmo assim, uma ficção. Será que a experiência numinosa da Imaginação Ativa, como a descreve *A Divina Comédia*, faz alguma diferença concreta no modo como as pessoas posteriormente se sentem em relação à vida e a si mesmas, como se comportam em relação aos demais e, em última análise, como formulam o sentido da vida? O efeito perdura ou é apenas um ponto alto momentâneo?

Não sabemos muito sobre como a jornada imaginal pelo submundo e pela vida após a morte (ou seja, o inconsciente) mudou o homem Dante Alighieri. Tornou-se ele o que atribui ao peregrino no poema? Com base em minha experiência com psicanalistas junguianos, posso atestar que o envolvimento profundo com sonhos e imaginação ativa ao longo de um certo tempo causa impacto duradouro na vida de nossos pacientes. Sabemos também que esse processo da análise não remove totalmente os efeitos de traumas precoces nem de seus consequentes complexos, embora ajude a pessoa a superá-los e a relativizar seus efeitos sobre a consciência. A criação no nível interno de um eixo ego-*self* muda o *locus* do controle, que passa das preocupações da *persona* com prestígio e poder para um tipo de individualidade que traz consigo um grau considerável de aceitação amorosa de si mesmo e dos outros. E, além disso, existem experiências interiores que dão às pessoas uma perspectiva de vida que enquadra a experiência pessoal em um conceito mais objetivo. Em alguns casos, isso faz a diferença entre escolher a vida ou a morte. Isso atestaria a veracidade da afirmação de Dante de que o ser pode entrar em harmonia com o "Amor que move o Sol e as outras estrelas".

Prefiro entender a jornada descrita em *A Divina Comédia* em sua totalidade – *Inferno, Purgatório* e *Paraíso* – como uma mandala que descreve a totalidade humana. Há partes da personalidade que estão para sempre congeladas e nunca mudarão (as figuras retratadas em *Inferno*). São complexos intransigentes que continuam a existir mesmo em estágios avançados de individuação. Há outras partes que podem ser transformadas, como as figuras retratadas em *Purgatório*. Essas são passíveis de mudança e capazes de sofrer transformação. E há partes numinosas do *Self* no reino arquetípico da psique que são vislumbradas de vez em quando em sonhos e experiências visionárias. Essas são as figuras retratadas em *Paraíso*. Essencialmente, a consciência do ego pode situar-se em qualquer desses reinos, bem como viajar por todos eles muitas vezes, no curso de um longo processo de individuação. É possível que posteriormente, caso se alcance um estado de sabedoria conforme descreve o poema de Dante, a posição predominante se fixe de maneira mais ou menos estável pela realização da união com o *unus mundus,* o que fará o amor e a generosidade predominarem na atitude consciente.

Em uma conversa com o mestre zen Shin'ichi Hisamatsu, Jung, que na época já tinha mais de 80 anos, ouviu uma pergunta afiada. Depois de um bom tempo comparando o objetivo do zen-budismo, ou seja, a libertação de todo sofrimento, ao objetivo da análise, ou seja, a totalidade psicológica, eles concordaram em que libertar alguém do sofrimento causado pelos complexos, pessoais e culturais, e até mesmo de influências arquetípicas, era um objetivo comum. A conversa, então, chega ao clímax com a seguinte resposta:

> **SH:** Pelo que me disse a respeito do inconsciente coletivo, posso inferir que é possível que alguém se liberte dele?
> **CGJ:** Sim![40]

---

40 S. Muramoto (trad.). "The Jung-Hisamatsu Conversation", p. 46.

O espanto tirou o fôlego das pessoas presentes. A resposta foi surpreendente, a julgar pelas estimativas, geralmente, mais modestas de Jung quanto ao potencial humano de individuação. O que a torna importante para nossa atual reflexão é o fato de sugerir que, para Jung, a transformação do tipo descrito por Dante em *A Divina Comédia* é psicologicamente possível, ainda que só por um momento. Pode-se sair da história pessoal e de seu acúmulo de complexos e condicionamentos culturais (banhando-se no rio Lete), chegar a um sentido transformado de si mesmo (bebendo da água do Eunoé) e até mesmo extrapolar as mais sublimes imagens arquetípicas imagináveis (Beatriz, a Rosa Mística, a Santíssima Trindade) e ser atingido repentinamente por um raio (a experiência do *satori* no zen-budismo, a derradeira experiência numinosa em *A Divina Comédia*) que transforme a consciência em tamanho grau de profundidade que somente o *Self* transcendente (Deus) e sua Energia (Amor) possam regê-la. Essa pode não ser tarefa fácil, mas sem dúvida outras tradições místicas, como a cabala, o sufismo e o kundalini-yoga, concordariam.

Mesmo que não seja vista com frequência nos resultados dos processos de individuação desencadeados e fomentados pela psicanálise junguiana, a visão que oferece o poema de Dante pode servir de imagem inspiradora para a meta da individuação.

As Núpcias de *Animus* e *Anima* no Mistério da Individuação

—◦◦◦—

A individuação envolve dois movimentos principais: separação e integração. Só o que foi separado pode ser unido, diz uma máxima alquímica. No desenvolvimento psicológico, é a mesma coisa: antes da união, distinção. Isso vale para o clássico par de opostos, *animus* e *anima*. Sua separação se dá na primeira metade da vida, sua união na segunda. Este artigo se concentrará na última, assumindo a primeira.

A união conjugal de *animus* e *anima* é graficamente retratada na série alquímica de vinte imagens xilográficas e dos textos que as acompanham, intitulada *Rosarium philosophorum*. C. G. Jung usou as dez primeiras imagens da série para discutir o aspecto relacional da análise na obra *A Psicologia da Transferência*. Embora ele tenha enfatizado o processo de integração como uma questão relacional, aqui enfocarei principalmente a união intrapsíquica e a transformação de *anima* e *animus* dentro da psique de cada indivíduo da díade. Essa integração dos opostos é um desenvolvimento que ocorre de maneira simultânea nos níveis interpessoal e intrapsíquico. Os dois aspectos estão interligados e não podem ocorrer independentemente, sem referência mútua. Neste ensaio, transitarei entre os dois aspectos, porém darei mais ênfase e atenção ao intrapsíquico.

Em geral, esse desenvolvimento é um estágio de individuação que ocorre na segunda metade da vida. Trata-se de um processo que dissolve a unilateralidade estabelecida da consciência e produz um nível adicional de maturidade psicológica por meio da integração de uma característica do inconsciente à qual nos referimos como *anima* e *animus*. Esse desenvolvimento, por sua vez, leva ao contato e à identificação com a fonte primordial da vida psíquica, o *self*. O *Rosarium philosophorum* conta essa história complexa e fascinante em imagens e textos.

Uma revisão teórica

Para começar, algumas discussões sobre termos e desdobramentos do desenvolvimento psicológico servirão de introdução. Os termos "anima" e "animus" se referem a padrões arquetípicos de energia psíquica inerentes ao nível do inconsciente coletivo. Jung os identifica ocasionalmente como as energias de Eros e Logos, ou seja, energias de construção de conexões e construção de significados. Ao usar esses termos, estamos falando de aspectos da psique que são controlados apenas minimamente pela consciência do ego, mas que, do ponto de vista energético, são amplamente autônomos em suas variadas manifestações. Podemos sentir sua influência em nossos sentimentos e pensamentos espontâneos, além de imagisticamente, em figuras que surgem em sonhos e na imaginação ativa. Eles afetam com frequência nossas atitudes conscientes: *anima*, como humores intratáveis; *animus*; como opiniões rigidamente mantidas. Muitas vezes, eles se manifestam em projeções sobre os demais. Podemos encontrá-los representados de maneira gráfica na literatura imaginativa, nos contos de fadas, nos mitos, no cinema, na música, na ópera, no drama e assim por diante, onde somos convidados a projetá-los de forma livre em figuras e narrativas culturalmente construídas.

Em seus escritos, Jung costuma usar definições taquigráficas: a *anima*, como o lado feminino da psique de um homem; o *animus*, como o lado masculino da psique de uma mulher. Mas isso se baseia nas atitudes culturais predominantes na cultura europeia na época em que ele escrevia. Vou considerá-los de uma maneira mais estritamente arquetípica, vendo *anima* e *animus* como pertencentes a ambos os gêneros biológicos. As energias da *anima* e do *animus* são comuns a mulheres e homens igualmente. Em vez de biologicamente restringidas ou controladas, sua distribuição e suas manifestações são psicologicamente determinadas. O diagrama a seguir ilustra a configuração psíquica.

O

MUNDO EXTERIOR

PERSONA

EGO

— — — — — — — — — — — —

INCONSCIENTE PESSOAL
SOMBRA

— — — — — — — — — — —

INCONSCIENTE COLETIVO

ANIMA   **ANIMUS**

Esse diagrama aplica-se à individuação sem referência ao gênero da pessoa.

....

O relato da relação entre *anima* e *animus* começa com aquilo que Jung chamou de "sizígia" em *Aion*. *Sizígia* é uma palavra derivada do grego que significa "união" ou "conjunção"; o termo se refere a um par intimamente ligado, a uma dupla. Embora sejam dois, como irmãos siameses, existem como uma única entidade. Na origem, *anima* e *animus* são dois aspectos de uma única constelação psíquica que, de um lado, tem a face do *animus* e, do outro, a face da *anima*. Do mesmo modo, o *Simpósio* de Platão conta um mito sobre a origem dos seres humanos que os vê como criaturas que originalmente tinham dois lados. Em algum momento, elas se dividem e perdem contato uma com a outra. Depois disso, passam a vida procurando uma à outra, no desejo de reunir-se e recriar a unidade perdida. Quando se encontram, reúnem-se. Podemos adotar esse modelo para pensar na *anima* e no *animus* quando os considerarmos parte do processo de individuação. Anteriormente, estavam juntos, depois foram separados e, por fim, voltam a se unir. Trata-se de um processo de desenvolvimento em três estágios.

A ideia básica é que, quando nascemos, saímos do útero com um *self* complexo, porém indiferenciado e, a princípio, em sua maior parte em estado de potencialidade. Esse *self* original foi comparado a uma bolota, que contém todo o material germinativo (potencial) que será usado no decorrer do desenvolvimento de um carvalho. Se cortar uma bolota ao meio, você não encontrará dentro dela a miniatura de uma árvore que, com o tempo, cresça até ficar enorme. Você encontra o material germinativo que tem em si o potencial de crescimento até tornar-se um carvalho plenamente formado. Assim é com o *self* original: ele surge quando o óvulo de uma mãe é fecundado pelo espermatozoide de um pai até que um feto cresça e se torne um bebê humano no útero da mãe. Um indivíduo nasce com o potencial psicológico que, a partir daí, será elaborado e se desenvolverá até tornar-se uma personalidade plenamente desenvolvida no decorrer da vida. Inspirando-se na alquimia, Jung fala desse rico potencial como *prima materia*, da qual o processo de individuação acabará gerando uma personalidade humana.

Jung concebe o *self* como uma mandala (um círculo) com um centro. A *prima materia* contida no interior da mandala está, antes de tudo, em "estado pleromático", ou seja, não há distinções claras entre os potenciais conteúdos. É uma *massa confusa*, uma espécie de mistura indiferenciada de elementos genéticos. Então entra em jogo uma energia, um "princípio" (que Jung chama de *principium individuationis*). No primeiro dos *Septem Sermones ad Mortuos*, esse princípio é chamado de "Creatura". Ele atua no sentido de dar início à diferenciação dos conteúdos da mistura e de organizá-los em pares de opostos. Do ponto de vista psicológico, o aparecimento dessa função dentro do *self* sinaliza o surgimento da consciência no seio da personalidade. A consciência funciona para fazer distinções entre os objetos e entre si e os outros, interior e exterior, bom e mau etc. Ela também divide o fluxo constante do tempo em passado, presente e futuro. No centro da consciência está o ego, o "eu".

O *animus* e a *anima* tomam a forma de um par de opostos na matriz psíquica. É a chamada sizígia.[1] No início, embora sejam dois, a distinção entre eles é mínima, imperceptível. Com o tempo, contrastes e diferenças se desenvolvem, mas a unidade da sizígia permanece intacta no estado pleromático da consciência que está presente no bebê. À medida que a consciência aumenta, o ego percebe as diferenças e

---

1 *Ver* C. G. Jung. "The Syzygy: Anima and Animus." *Aion*, *CW* 9ii.

seleciona um dos membros do par para, com ele, identificar-se com mais força. Isso separa *animus* e *anima*, e cria entre ambos um grau de tensão, pois agora eles se dividem e formam dois distintos padrões de energia. O que era um agora passa a ser dois. Inicialmente, há uma certa confusão e mistura de atributos, mas, por fim, a *anima* e o *animus* surgirão como aspectos nas distribuições de energia da personalidade em seus próprios modos particulares: o *animus*, como um tipo de energia ativa que separa, e a *anima*, como um tipo de energia receptiva que une. Um divide e traça distinções; a outra une e harmoniza.

A qualidade energética do *animus* é solar em sua clareza e intensidade. Como Logos, ele define e refina percepções e pensamentos à medida que busca distinções, forma e compreensão. A energia da *anima*, por outro lado, é lunar em sua intuição penumbrosa. Como Eros, ela se relaciona emocionalmente com pessoas e objetos e busca conectar-se com eles. Um tende para cima, para a espiritualidade e a mente; a outra tende para dentro e para fora, para a materialidade e o corpo. O *animus* é associado ao assim chamado princípio masculino, a *anima*, ao assim chamado princípio feminino. Na alquimia, eles são representados como enxofre e sal. Devemos estabelecer uma distinção entre essas diferenças e as diferenças biológicas de gênero. Eles são componentes psicológicos, e não componentes biológicos de nós mesmos. Toda pessoa tem os dois tipos de consciência em seu repertório psíquico. A diferença é apenas que um se torna mais importante que o outro no caráter de um indivíduo em um dado momento do processo de individuação.

Enquanto a personalidade individual se desenvolve na primeira metade da vida, a atitude e a identidade dominantes que informam a consciência do ego mostram mais aspectos de um que do outro lado dessa polaridade. Após a meia-idade, isso muda, e ambos os lados se tornam mais igualmente representados. É importante ter em mente que essas energias são arquetípicas, e não apenas disposições pessoais. Ou seja, elas transcendem a consciência do ego e pertencem ao nível geral da dotação humana. São princípios psíquicos que afetam todos os seres humanos, em todos os lugares e ao longo da história. Eles nos influenciam; nós não os controlamos.

Nas atualizações tradicionais da cultura humana, as meninas se identificam com o lado *anima* da sizígia e tornam-se suas representantes. Elas inserem esse padrão de humanidade em sua autoimagem consciente e em seus sentimentos sobre si mesmas, primeiro como meninas, depois como jovens e, mais tarde, como mães, matronas, avós e anciãs sábias. Elas têm uma trajetória de desenvolvimento baseada em sua identidade com o lado *anima* da sizígia. Os meninos, por outro lado, tradicionalmente assumem o lado *animus* da sizígia e, em torno dele, desenvolvem suas identidades e características de personalidade. Quando o homem identificado com o *animus* encontra a mulher identificada com a *anima* e, juntos, desenvolvem uma relação íntima baseada na projeção de *anima* e *animus*, eles estão restaurando exteriormente a unidade da sizígia original. Nos referimos a eles "almas gêmeas". As duas metades separadas se encontram e voltam a se unir. Essa é a história da reunião de *anima* e *animus* no nível interpessoal. Ela simboliza uma história mais profunda que ocorre no inconsciente de cada um deles, em que a *anima* do homem e o *animus* da mulher se unem. Assim, o casal é, na verdade, um quarteto, um par consciente e um par inconsciente.

Deve-se acrescentar que esse não precisa ser o tradicional emparelhamento homem-mulher. Nos últimos tempos, principalmente com a aceitação crescente do movimento social LGBTQIA+ em muitas sociedades, as combinações podem ser bem diferentes e bastante fluidas como: homem identificado com o *animus* e homem identificado com a *anima*, mulher identificada com o *animus* e mulher identificada com a *anima* ou mulher identificada com o *animus* e homem identificado com a *anima*. Os casais transgêneros introduzem ainda mais permutações. A restauração da sizígia no nível interpessoal não precisa refletir as diferenças de gênero.

Esse reencontro no nível interpessoal não é tudo o que diz respeito a esse processo, conforme veremos a seguir neste artigo. Se considerarmos o nível intrapsíquico, a união interpessoal é o início de um novo capítulo na história do processo de transformação, que muda ambos os indivíduos no nível interior. Essa é a história que vamos considerar nas 20 gravuras do tratado alquímico *Rosarium philosophorum*. Devemos ter em mente que o interior reflete o exterior e que este afeta o interior. Eles precisam um do outro. Em outras palavras, o que fazemos em nossa vida interpessoal tem uma relação direta com o que acontece em nossa vida interior, e vice-versa. É por isso que Jung afirmou que ninguém pode individuar-se sozinho em uma caverna nem no alto de uma montanha. Nesse processo alquímico, a interação humana é um ingrediente imprescindível.

Um relato alquímico da união conjugal entre um Rei e uma Rainha

O *Rosarium philosophorum* é um texto alquímico que data do século XVI (ca. 1550 d.C.), composto e publicado pela primeira vez em Frankfurt, na Alemanha. Na obra, há um total de 20 cenas (xilogravuras), que podem ser divididas em quatro partes: 1-3, 4-10, 11-17 e 18-20.[2]

---

2 Imagens provenientes de: https://www.http://charm.cs.uiuc.edu/users/jyelon/pict-rosarium.html.

As três primeiras gravuras representam a preparação para os processos que vêm em seguida. As sete cenas seguintes (4-10) mostram a transformação da Rainha Luna (a *anima*), que é acompanhada nesse processo pelo Rei Sol (o *animus*). O conjunto das sete cenas seguintes (11-17) mostra a transformação do Rei Sol, que tem como acompanhante a Rainha Luna. E as três últimas gravuras (18-20), que representam o quarto e último movimento do processo, retratam a transformação por meio da morte (18), a ascensão (19) e a divinização (20). Comentarei detalhadamente a psicologia de cada etapa desse processo à medida que for considerando as gravuras uma a uma.

Gravura 1: "A Fonte Mercurial"

"A Fonte Mercurial" é o local onde ocorre o processo. A imagem como um todo representa o *self* transcendente como receptáculo.

Enquanto as estrelas presentes nos quatro cantos indicam a natureza transcendente e as dimensões do receptáculo, o processo alquímico ocorre também dentro de um espaço cuidadosamente construído e delimitado – o laboratório do alquimista – pelo qual deve responsabilizar-se o Adepto. Além de testemunha, o Adepto é participante do processo. O espaço em que isso ocorre é um *temenos*, uma área protegida, separada da vida profana. Ele está aberto às profundezas do inconsciente, mas não ao mundo social circundante. É um espaço privado, interior, e o procedimento é semelhante à imaginação ativa. Na prática junguiana, a imaginação ativa é o método pelo qual a transformação alquímica é instigada e alimentada.

Nessa imagem simbólica, vemos muitos detalhes que significam elementos diversos que contribuem para esse processo vindouro e nele desempenham um papel. O Sol e a Lua, nos cantos superiores esquerdo e direito, são representações simbólicas dos protagonistas da peça teatral, um Rei e uma Rainha. Do ponto de vista psicológico, elas representam o *animus* e a *anima*, respectivamente. Das três bicas da fonte mercurial, a água flui em abundância, acumula-se na bacia e constitui o meio catalítico essencial à união e à transformação do par. A água simboliza Mercúrio, o ingrediente fluido necessário ao processo de transformação e união alquímicas. Entendida em termos psicológicos, essa é a função transcendente, a função de ligação entre consciente e inconsciente. Sem esse fluido, os dois elementos não podem ser colocados em contato íntimo um com o outro, algo que se faz necessário à sua transformação e união mútuas.

A água mercurial é o solvente e o catalisador do processo. A inscrição na borda da bacia diz que a água mercurial flui de três fontes: como "leite de virgem" (uma fonte feminina), como "fonte de vinagre" (uma fonte masculina) e como "água da vida" (uma terceira fonte misteriosa e transcendente). Esse é o três vezes grande Mercúrio. Na alquimia, dizia-se que Mercúrio é o início e o fim do processo. Quase invisível, esse misterioso agente possibilita a união dos membros distintos e separados do casal. Mercúrio é uma metáfora do "campo" psicológico em grande parte inconsciente no qual acontece o mistério da transformação. Mercúrio, ele mesmo andrógino e, portanto, uma união de *animus* e *anima*, representa a mão invisível do *self*, que é, em última instância, responsável pelo "mistério da individuação".

Gravura 2: "Rei Sol e Rainha Luna"

Na segunda imagem da série, os protagonistas desta história dramática, o Rei Sol e a Rainha Luna, aparecem portando todos os emblemas da realeza. Inicialmente, eles se apresentam em seus trajes reais. Eles se encontram como evidentes iguais, com pontos de vista equivalentes, embora diversos. O Rei Sol representa o esplendor da consciência solar. Como o *animus*, ele representa o arquétipo do espírito, o regente do mundo visível e sua consciência coletiva.

Seu poder e sua autoridade residem na vontade incomparável e na brilhante racionalidade, aqui entendida no sentido de *Nous*. Ele conhece a Rainha Luna trajando os símbolos oficiais de sua posição: suas vestes são vermelhas. Da mesma forma, a Rainha Luna apresenta-se vestida de maneira condizente com sua condição oficial de regente do mundo lunar: ela veste branco. Seu reino é o dos sonhos, da imaginação e da emoção. É um reino mágico de conexões sutis estabelecidas pelo apego e por projeções inconscientes. Ela prefere o corpo e seus instintos ao espírito e ao intelecto. Como mostrado aqui, eles não são iniciantes que ainda têm potencial de crescimento em estatura e identidade pela frente, mas sim poderes arquetípicos plenamente articulados. Trata-se de um encontro de arquétipos.

Aqui vemos o *animus* e o *anima* em toda a sua glória e autoridade oficial, agora se encontrando de modo amigável, porém bastante formal. Sua indumentária sugere uma defensividade inicial nesse encontro, pois estão vestidos com as armaduras de suas respectivas *personas*. Mas eles estão em contato tátil com as mãos esquerdas, um gesto que sugere sua futura intimidade. Com as mãos direitas, oferecem um ao outro flores vermelhas e brancas, emblemáticas de suas naturezas contrastantes. O contato que estabelecem com as mãos esquerdas revela a intimidade inconsciente já existente entre eles, que é neste momento um potencial para uma relação mais explícita, ao passo que a oferta com as mãos direitas é um gesto introdutório mais consciente. Secretamente, eles são irmão e irmã, e essa é a reunião de dois que já foram um só. Jung fala da relação entre eles como uma relação incestuosa que é reservada à "realeza". Como *animus* e *anima*, eles já foram dois aspectos de uma sizígia quando estavam no ventre do *self*. Mais tarde, separaram-se e desenvolveram-se de maneira independente e, agora, novamente se reúnem. Estamos testemunhando o início de sua potencial integração em uma personalidade madura.

No céu, acima das duas figuras, está uma estrela e, abaixo dela, uma pomba, em cujo bico há um ramo que toca nos ramos cruzados do casal. Isso simboliza uma bênção espiritual para esse encontro. Um Espírito Santo preside a união do par como *spiritus rector*. A imagem nos diz que o processo que se desenrola tem o amparo de Mercúrio. O encontro é auspicioso. A pomba funciona como o Espírito Santo em uma cerimônia de casamento.

Do ponto de vista intrapsíquico, a gravura mostra a prontidão do indivíduo para envolver-se com o inconsciente. Normalmente, isso é feito por meio da imaginação ativa. Para que esse processo tenha o resultado ideal, ou seja, a completa integração dos opostos, ambos os lados precisam encontrar-se em pé de igualdade. Quando esse for o caso, pode ter início um diálogo que leve à etapa seguinte da união entre eles.

Gravura 3: "A Verdade Nua"

A terceira gravura mostra o Rei Sol e a Rainha Luna despidos. Eles removeram seus envoltórios oficiais e agora se encontram totalmente expostos, sem ter entre si as identidades das *personas*. A confiança foi estabelecida e esse encontro começa a tornar-se sério. As duas figuras já não se dão as mãos esquerdas como na cena anterior, na qual a relação íntima entre elas era apenas sugerida; agora essa relação é explícita. Com a mão direita, cada uma segura a flor que simboliza sua respectiva natureza e, com esquerda, recebe o dom da outra. E a pomba ainda paira sobre elas, indicando sua bênção e seu contínuo apoio ao processo.

Trocando palavras pela primeira vez, eles indicam que têm compreensão e aceitação conscientes do que está acontecendo entre ambos. Essa é a evidência de que a função transcendente está em vigor e em ação. Consciente e inconsciente estão preparados para unir-se. Trata-se de um pedido de casamento: "Ó Luna, deixa-me ser teu marido", diz o Rei Sol. A Rainha Luna aceita o pedido, dizendo: "Ó Sol, preciso aquiescer a ti". A pomba acima deles declara-se "O Espírito Unificador".

Queremos refletir por um momento sobre o que significa despir-se das *personas* de Rei Sol e Rainha Luna. A Rainha, que representa o lado *anima* da sizígia, ama seus apegos: ao corpo, a objetos belos e a outras pessoas. É nessas relações que ela encontra sua identidade. O Rei, que representa o lado do *animus*, prefere o distanciamento crítico, a objetividade e o exercício da vontade e do poder superior sobre tudo aquilo que o cerca. Ele tende a identificar-se com ideias e conceitos da esfera coletiva, pois nesse tipo de abstração encontra sua identidade. Esses elementos compõem a *persona* de cada um. Para juntar-se em união genuína, ambos precisam deixar de lado sua respectiva *persona*. Precisam ficar nus, destituídos de história. A alma (*anima*) tem de libertar-se de seus apegos aos demais e ao mundo material dos objetos belos e prazeres sensuais e, agora, precisa concentrar no espírito (*animus*) seu desejo de apego. O espírito (*animus*) tem de libertar-se de seus antigos apegos às opiniões coletivas e à "vontade de poder" e, de igual modo, concentrar na alma (*anima*) seu desejo. Em suma, precisam adentrar um espaço inteiramente novo desprovidos de outros compromissos. Trata-se do início de algo radicalmente novo.

Esse foi o movimento de Jung quando deixou "o espírito do tempo" e seguiu "o espírito das profundezas", como escreve em *Liber Novus*. Do contrário, seu livro (*liber*) não teria sido novo (*novus*). Esse desprendimento de realizações anteriores (*persona*) e apegos (objetos amados), sejam materiais (corpo, beleza, posses) ou culturais (opiniões, ideias, conceitos), é a condição para entrar nessa possibilidade de união de alma e espírito, de *anima* e *animus*. Significa encarar a verdade sobre si mesmo com honestidade nua. Exige o abandono do passado para transformar-se em um novo ser. Muitas vezes, assim é a experiência da crise da meia-idade: enterrar o passado, entrar na liminaridade por algum tempo e encontrar um caminho para a integração de *anima* e *animus*.

Na primeira metade da vida, a principal tarefa psicológica é entrar no mundo e entrar na vida. O recém-nascido tem que ser seduzido para viver e apegar-se: primeiro, à mãe e ao pai; depois, à família, em seu sentido mais amplo, e aos amigos, e, por fim, aos círculos de sua vida profissional e à cultura em que se insere. É essencial que a *anima* (alma) entre na vida, que se torne ativa no mundo e se conecte emocionalmente com coisas e pessoas familiares, sob pena de o indivíduo não sobreviver às dificuldades da existência. Do mesmo modo, é importante que o *animus* (espírito) desenvolva a vontade, cuide das decisões que importam na vida, desenvolva um ponto de vista que se adéque ao espírito do tempo, aos valores e às normas culturais da sociedade circundante. Esse é o papel das instituições educacionais. Tradicionalmente, as mulheres têm escolhido o curso no qual predomina a *anima*, ao passo que os homens, aquele em que prevalece o *animus*.

Tudo isso é importante para o desenvolvimento, e os terapeutas são treinados para ajudar os pacientes nesse trabalho imprescindível de apego e adaptação. Todavia, ao entrar na segunda metade da vida, para que se desenvolva uma mentalidade unificada (*unio mentalis*), é preciso que ocorra uma separação entre a *anima* e seus apegos preferenciais e entre o *animus* e suas identificações com a *persona* e os ideais. A alma, como afirmou o alquimista Gerhard Dorn, tem que separar-se do corpo e unir-se ao espírito.[3] E o espírito precisa afastar-se da identificação com a ideologia e curvar-se à alma. A maneira como os alquimistas imaginaram e descreveram isso está em seus escritos e desenhos. Durante um certo tempo, ocorre um processo difícil e doloroso chamado *separatio*. Imagens de cemitérios e de morte são emblemas desse estado da consciência. É isso o que ocorre na crise da meia-idade. Há uma profunda perda de sentido e uma consequente desorientação do *animus*, a vida emocional se torna confusa e a *anima* desaparece e ausenta-se durante algum tempo. Trata-se de uma passagem difícil, mas se for bem feita, ela abre uma nova perspectiva. Essa liberação de conquistas anteriores liberta a mente de seus grilhões e da escravidão ao passado. É isso que representa a Gravura 3 do *Rosarium*. O Rei Sol e a Rainha Luna abandonaram seu passado e agora estão prontos para embarcar em uma nova vida juntos. Essa cena encerra a preparação para as transformações que virão em seguida.

---

3 Para a discussão de Jung dos estágios de Dorn, *ver. Mysterium Coniunctionis*, *CW* 14, Capítulo VI.

Com a Gravura 4, tem início o processo de união (*coniunctio*).

Findas as preliminares, as duas figuras nuas, ambas ainda usando suas coroas para significar o resíduo nu de suas identidades como Rei Sol e Rainha Lua, *animus* e *anima*, estão sentadas no banho mercurial. A água é um solvente que removerá toda e qualquer resistência remanescente à união. A água mercurial é também o catalisador que mudará o desfecho do processo: em vez da mera mistura de qualidades isoladas, emergirá um composto, o qual consiste em uma nova substância. Essa cena sinaliza que o processo de transformação será eficaz. Como antes, o encontro de ambos é abençoado pela presença da pomba, ou seja, tem o amparo do *Self*.

Isso nos leva imediatamente à Gravura 5, "A *Coniunctio*".

Aqui, vemos a imagem gráfica de Rei e Rainha flutuando na água em um abraço conjugal, tendo uma relação sexual e acercando-se do momento da união simbólica. Eles agora falam um com o outro pela primeira vez:

Ó Luna, aconchegada em meu doce abraço,
Tu és tão forte quanto eu, tão belo o teu rosto.
Ó Sol, de todas as luzes conhecidas dos homens, a mais viva.
E, no entanto, precisas de mim como o galo,
da galinha.

O Rei Sol e a Rainha Luna refletindo o alto valor um do outro. Ele lhe dá sua luz brilhante, e ela o admira e, ao mesmo tempo, lembra-lhe que ele precisa dela instintivamente, como o galo precisa da galinha. Eles estão interligados espiritual e fisicamente. É digno de nota que a Rainha Luna se refira ao instinto animal. O instinto é a força que promove a união do par. A consciência solar não é autossuficiente, como lembra Luna a Sol.

Na Gravura 6, vemos o resultado de sua união: a primeira das três mortes da série do *Rosarium*.

A imagem se intitula "Concepção" ou "Putrefação". As duas figuras tornaram-se uma só, e o texto que acompanha a gravura diz:

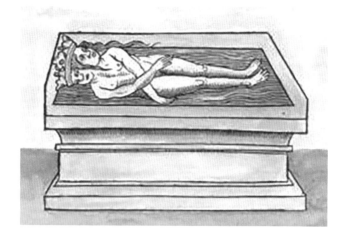

Aqui jazem, mortos, o Rei e a Rainha.
A Alma é separada com grande pesar.

O estado de *nigredo* foi alcançado. Em comemoração paradoxal desse momento do processo, o alquimista Arnoldus declarou: "Quando vires tua matéria tornar-se negra, alegra-te, pois é iniciada a obra".[4] Por isso, a corrupção (morte)

---
4 *The Rosary of the Philosophers*, p. 41.

é também concepção (um novo começo). A morte da antiga vida deve preceder o nascimento da nova. É a morte da nítida oposição e separação entre *animus* e *anima*, que, ao mesmo tempo está em preparação para um novo estado de consciência. Nessa imagem, vemos pela primeira vez na série uma figura conjugada, que tem um tronco com duas cabeças, dois braços e duas pernas. A imagem de duas cabeças sugere a continuidade de alguma diferenciação. Porém, como ambas dependem de um único corpo, elas precisam ficar juntas de uma maneira inteiramente nova. Essa é a inauguração de um Novo Ser, e a figura continuará como está até o fim desta parte da série. O objetivo da união foi alcançado, mas o corpo resultante está em um caixão; portanto, em um estado intermediário de fusão. Ao que tudo indica, a figura está morta.

A liminaridade psicológica é a que se vive durante os principais períodos de transição do processo de individuação, como a meia-idade e a velhice, quando uma identidade anterior entra em colapso, mas uma nova identidade ainda não surgiu. É o estágio da crisálida, que os alquimistas chamavam de *nigredo*.

Na Gravura 7, vemos a alma recém-nascida, que fora concebida pelo casal real, voando para o céu. O corpo conjugado é deixado para trás, agora temporariamente desprovido de alma. A liminaridade se aprofunda.

A imagem acima intitula-se "A Extração ou Impregnação da Alma". Por um lado, a alma recém-criada é extraída do corpo morto; por outro, a alma está entrando em um processo de impregnação que a prepara para uma nova vida. A alma voa para o céu, onde residirá por algum tempo após a fecundação. A imagem mostra-nos o ponto de partida da incubação. A alma crescerá silenciosamente nas nuvens. Diz o texto:

> Aqui os quatro elementos se separam,
> E a alma se separa do corpo da maneira
> mais sutil.

Os quatro elementos – Ar, Fogo, Água e Terra – já se haviam unido nos corpos separados dos dois protagonistas para formar identidades sólidas. Agora, essas identidades se dissolveram e prevalece um estado de *solutio*. Ambos morreram para suas identidades anteriores e, nesse período de liminaridade, esperam o nascimento de uma nova consciência. O estado da incubação no estágio da crisálida continua nessa dissolução da solidez. Neste ponto, *animus* e *anima* já não são identificáveis. Não há imagens nem pensamentos nesse corpo morto.

A Gravura 8, intitulada "Lavagem" ou "Mundificação", sinaliza a cooperação do céu na preparação para o novo estado de consciência. Nesta fase da série do *Rosarium*, é principalmente a Rainha quem está sendo preparada para a transformação do casal unido. A água que cai sobre o cadáver bicéfalo não é água destilada comum, mas sim um elixir especial com propriedades mercuriais. É o que Arnoldus chama de "umidade filosófica adequada a sua obra [...], na qual reside a essência metálica".[5]

---

5 *The Rosary of the Philosophers*, p. 53.

Os alquimistas se referiam a esse estágio como *albedo*, o estágio do branqueamento. A escuridão do *nigredo* da noite dá lugar à luz da aurora. Pode-se pensar também na primavera, quando as plantas começam a mostrar nova vida após a letargia do inverno. A umidade que cai sobre o corpo morto trará nova vida. Diz o texto:

> Aqui, o orvalho cai do céu
> E lava o corpo negro no sepulcro.

O "orvalho [que] cai do céu" é uma referência à história bíblica de Moisés e do Povo Escolhido, alimentado pelo Senhor durante a fuga pelo deserto com maná, que era uma espécie de resina gomosa que chegava com o orvalho da noite.[6] Aqui é usado para purificar o corpo do casal que jaz em um túmulo. É, portanto, um elemento transcendente que está relacionado ao espírito do Senhor, o qual "foi levado sobre as águas antes da criação do Céu e da Terra".[7] A lavagem com "umidade filosófica" tem o efeito de reduzir o poder das lembranças traumáticas e seus decorrentes complexos, que bloqueiam o desenvolvimento psicológico ulterior e criam estagnação emocional. Recorde-se o banho do poeta Dante no rio Lete, no final de *Purgatório*.[8] Esse é basicamente o trabalho que fazemos na análise com o auxílio do *self*. Os efeitos purificadores da relação terapêutica são complementados e fortalecidos pelo uso da imaginação ativa. Os alquimistas chamariam esse último procedimento de *meditatio*,[9] uma conversa com figuras imaginárias. Isso é necessário à preparação para a nova atitude que é possibilitada pela união de *animus* e *anima*. O revivescimento do cadáver depende do banho nessa água filosófica. O corpo morto precisa ser purificado na preparação para o renascimento. Essa é uma tarefa cuja realização é essencial durante esse período de liminaridade.

---

6 Números 11:9.

7 *The Rosary of the Philosophers*, p. 54.

8 *Ver* Capítulo 2, acima.

9 *Ver* C. G. Jung. *Psychology and Alchemy. CW* 12, § 390.

A Gravura 9, intitulada "Do Regozijo ou Salto ou Sublimação da Alma", mostra o retorno da alma de seu refúgio nas nuvens celestiais.

Isso iniciará o renascimento do corpo, que significa a capacidade de agir nos mundos social e material de uma nova maneira. Segundo o texto:

> Aqui a alma desce do alto
> E revivifica o corpo putrefato.

O renascimento é imanente, mas ainda não se completou. Esse é o primeiro dos três renascimentos da série.

Na parte inferior da imagem, vemos dois corvos: um tem o corpo enterrado até a cabeça; o outro está livre. Eles parecem olhar-se com saudade. É como se formassem um par como o casal real, mas ainda não fosse capaz de voar livremente. Enquanto a alma desce do alto, os corvos emergem de baixo. Embora não esteja cumprido, o projeto está bem encaminhado. Na verdade, está quase na metade do caminho para a meta, que será totalmente alcançada mais tarde, na Gravura 20, após mais duas mortes e renascimentos. O processo é longo e lento.

A Gravura 10 é uma espécie de apoteose preliminar. Este é o Rebis Lunar. De pé na Lua Crescente, ergue-se agora, forte e vivo, o corpo ressuscitado do par unido. É uma exibição dramática, uma primeira versão do Novo Ser.

O Rebis ("do latim *res bina*, que significa matéria dual ou dupla"[10]) é um símbolo do Novo Ser como união de alma e espírito, de *anima* e *animus*. A natureza andrógina desse ser é plenamente exibida: um corpo com duas cabeças, ambas coroadas, Rei e Rainha em uma única figura. Nenhum deles eclipsa o outro. Ambos estão representados igualmente: Sol volta-se para a direita; Luna, para a esquerda. Nesta gravura, vemos a Sizígia reunida e triunfante.

---

10 Disponível em: https://en.wikipedia.org/wiki/Rebis.

O fato de esse corpo estar na Lua mostra que este é "o Rebis Lunar"; a ênfase recai no lado *anima* da Sizígia. Esse primeiro conjunto de transformações diz respeito à transformação da *anima*. O segundo está associado à transformação do *animus*. A figura desta imagem é um pouco mais feminina que masculina, embora o masculino também esteja representado no lado direito do corpo, na cabeça do Rei Sol. Diz o texto:

> Aqui nasce uma rica e nobre Rainha
> À qual veem os sábios como sua própria filha.
> Ela cresce e gera infinitos filhos.

O Rebis Lunar representa a transformação da Rainha, que agora incorporou ao próprio corpo, ao lado de sua consciência lunar feminina, a consciência do Rei Sol. Isso promove o surgimento de uma energia incrivelmente fértil e criativa no seio do arquétipo da *anima*. É o que desejam poetas como Goethe, Blake e Rainer Maria Rilke: uma *femme inspiritix* que lhes estimule o gênio poético. Os antigos a chamavam de Musa. Ela traz intuições e sonhos que inspiram a imaginação, motivando atos de criatividade espontânea. Na Bíblia, ela é chamada de Sofia, a figura brincalhona que estava com o Senhor Deus quando Ele criou o mundo e todas as suas criaturas.

Do ponto de vista psicológico, essa gravura indica que a *anima* conseguiu separar-se dos anteriores apegos a objetos do mundo material e agora está unida ao *animus*. Ela foi libertada e transformada por sua nova relação com o espírito. Agora, alma e espírito existem em estado de unidade. Na vida consciente, isso gera uma atitude de objetividade e liberdade de emoções e obsessões ligadas à vida cotidiana no mundo imediato. Não significa descaso nem indiferença, mas sim liberdade da dominação de complexos inconscientes que nos obcecam e controlam nossa vida emocional e mental. É um estado mental espiritualizado, como indicam as asas nas costas da figura do Rebis. Também é forte, como vemos nos braços estendidos que seguram serpentes em suas mãos competentes.

Essa é a conclusão da primeira fase do processo de transformação. Seu resultado é aquilo que os alquimistas chamaram de "Pedra Branca".

Com a Gravura 11, começa a segunda grande fase da unificação entre o Rei Sol e a Rainha Luna, que resulta na "Pedra Vermelha". De certa maneira, ela repete o processo de transformação anterior, só que dessa vez diz respeito sobretudo à transformação do Rei Sol e ocorre em um nível mais espiritual, como indicam as asas das figuras. Assim como a sequência anterior mostrou a transformação da alma (*anima*), esta mostrará a transformação da mente (*animus*).

Diz a inscrição do texto:
Aqui, Sol é novamente incluído
E está envolto no Mercúrio dos Filósofos.

O "Mercúrio dos Filósofos" é claramente um símbolo que representa a presença ativa do espírito do inconsciente, Mercúrio. Neste conjunto de sete imagens, que começa na Gravura 11 e continua até a Gravura 17, o Rei Sol sofre um processo de transformação semelhante ao ocorrido com a Rainha Luna no conjunto anterior de sete gravuras. Trata-se da segunda conjunção e, embora tenha uma certa semelhança com a anterior, há algumas diferenças significativas. Nesta primeira cena, a Rainha Luna, transformada e alada, está na posição superior, tendo sob si o Rei Sol. Essa inversão sinaliza a reciprocidade da influência que um exerce sobre o outro. Nenhum dos dois é dominante; nenhum dos dois pretende ser líder. Ambos estão juntos nisso. Trata-se de um diálogo. Agora, as duas figuras são aladas, o que indica um estado de consciência espiritualmente avançado neste momento.

Portanto, essa segunda união se dá em um nível menos instintivo e mais consciente que o da primeira. O processo chegou a outro patamar. O elemento arquetípico sobressai ainda mais nesta fase porque Sol relaciona-se ao mundo do espírito como Luna, ao do corpo, ao mundo da matéria. Como escreve Jung, as imagens arquetípicas transformam o reino do espírito do mesmo modo que os impulsos instintivos transformam o mundo do corpo.[11] Em ambos os extremos do espectro psíquico, há uma região psicoide na qual a psique propicia acesso a um reino além de seus limites. Na primeira fase, a *anima* foi liberada, ou libertada, da escravidão ao corpo e a seus impulsos e instintos. Com este novo conjunto de transformações, o *animus* será libertado do controle do condicionamento cultural e arquetípico. Agora trazido para o centro do processo, o *animus* sofrerá uma transformação engendrada por Mercúrio, espírito do inconsciente e agente da transformação. Essa transformação será "filosófica" e afetará o *animus* no nível das ideias. As ideias são elementos arquetípicos que existem no plano psicológico com imagens arquetípicas. A "mente filosófica" é uma mente arquetípica, uma mente que está em contato com o mundo dos arquétipos. Podemos concebê-la como uma mente platônica, em vez de uma mente empírica. Ela é o que os gregos chamavam de *nous* (νοῦς), a própria base arquetípica da mente.

Embora a gravura nos apresente uma imagem de corporalidade e erotismo, as asas das figuras ressaltam a natureza simbólica da união. Esta se baseia, diga-se, na transformação anterior, já ocorrida. O físico foi "assimilado" ou "sublimado" no reino do espírito, que é onde a presente transformação está prestes a ocorrer. A transformação do *animus* se dá nesse nível da realidade psicoespiritual. O histórico mental por

---

11   C. G. Jung. "On the Nature of the Psyche." *CW* 8, § 417.

meio do qual opera a psique em seus pensamentos, crenças e atitudes culturais será, por assim dizer, purificado e refeito.

Intitulada "Iluminação", a Gravura 12 é uma cena de morte paralela à da Gravura 6. Depois dela, há uma série de imagens em que o cadáver do Andrógino volta a ser apresentado.

Nesta gravura, vê-se a brilhante cabeça do Rei Sol alado repousando sobre uma tumba. Diz o texto:

> Aqui Sol torna a morrer,
>   afogado pelo Mercúrio dos Filósofos.

Mais uma vez, o "Mercúrio dos Filósofos" é mencionado, e esta é a razão pela qual a imagem se intitula "Iluminação". Esse é o momento em que Sol desce à escuridão da sepultura. Lá, ele vislumbra a "luz das trevas" e torna-se o que os alquimistas chamavam de "*Sol niger*", o "sol negro". Essa é a jornada marítima noturna do Deus-Sol, Rá, tão conhecida na mitologia egípcia. É nesse momento do processo de transformação que a luz da consciência solar se apaga para que se possa ver a paradoxal luz das trevas. Trata-se de um tipo de consciência diferente do da consciência solar, de uma "iluminação" das profundezas inconscientes. Isso é o que os períodos de depressão podem ensinar-nos sobre o significado mais profundo da vida.

A gravura seguinte, 13, que também se passa no túmulo, é intitulada "Nutrição". Assim, essa aparente "morte" é vista como um desdobramento positivo.

Os alquimistas diriam: "Regozijai-vos quando chegardes ao *nigredo*! O processo está em curso!" A depressão é vista como parte importante da transformação. Diz o texto da Gravura 13:

> Aqui Sol se faz negro como piche
> com o Mercúrio dos Filósofos.

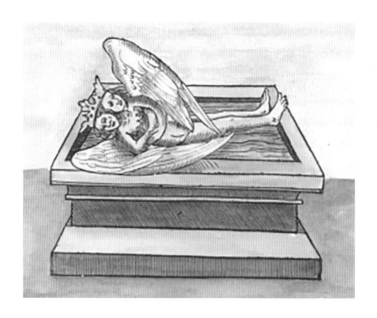

Eis *Sol niger*: emocionalmente falando, um estado de depressão, mas também uma experiência de iluminação. Paradoxalmente, tal experiência alimenta o espírito. Ela acrescenta a dimensão da profundidade e inaugura o que chamamos de "psicologia profunda", uma visão da vida a partir da perspectiva do túmulo. A superfície da vida, se comparada, parece rasa. O *animus* (que, como arquétipo subjaz à mente solar e, portanto, à consciência do ego) contamina-se rotineiramente pelo que Jung chamou de "espírito do tempo". A consciência enche-se de opiniões e pontos de vista coletivos, alguns dos quais nobres e elevados. Esses complementos, que são alimentados no contexto do inconsciente (isto é, o *animus*), precisam ser removidos. Grande parte de nossa educação é um processo que consiste em encher-nos a mente com os pensamentos do consenso cultural do passado e do presente, para incutir-nos atitudes, preconceitos e outros traços coletivos. Quando dizemos que alguém (seja homem ou mulher) é "possuído por *animus*", é a isso que estamos nos referindo. Essas ideias são o que pensamos a pretexto de sermos "racionais", mas não poderemos deixar a mentalidade coletiva enquanto seguirmos essas rotinas estabelecidas. O *animus* precisa separar-se e purificar-se dessas estranhas coleções de ideias e pensamentos que diminuem sua luz espiritual. O que nos mostra o *Rosarium* é um processo radical de separação dos apegos materiais e espirituais que nos afastam da verdade do *Self*. Como veremos nas últimas gravuras, o processo de fato promove um estado de total transformação.

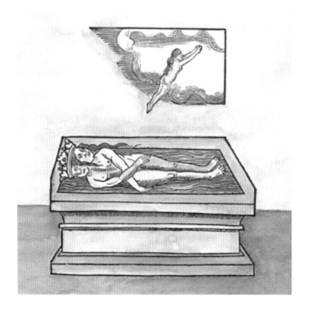

Na Gravura 14, intitulada "Fixação", a dupla unida aparece novamente, mas agora destituída das asas. O espírito a deixou e voa para o céu. Diz o texto:

> Aqui termina a vida de Luna,
> E o Espírito ascende sutilmente às alturas.

Na Gravura 7, a imagem correspondente da série anterior, encontramos a alma deixando para trás o corpo. Aqui, a situação é um pouco diferente: a *anima* (Alma, Luna) está morta e o *animus* (Espírito) está partindo para o céu transcendente, sua pátria invisível. Neste quadro, prevalecem o silêncio e a escuridão totais. *Anima* e *animus* estão ausentes. Trata-se do *novilumium* (*novilúnio*), a fase mais escura do ciclo lunar, geralmente considerada um momento de perigo. No entanto, o texto declara que este é um momento de "fixação", que significa estabilização. Nesse meio-tempo, não há movimento algum, nem mesmo no nível celular ou molecular. Os neurônios estão inertes. É o Vazio: não há sensações, pensamentos nem imagens. O Espírito, que partiu, ascende a uma exposição avançada ao Divino reino da transcendência. Ele retornará mais tarde, e com vigor, mas por enquanto tudo é silêncio. Uma nova identidade está em formação, e sua base precisa ser "fixada".

A Gravura 15, intitulada "Multiplicação", reflete a Gravura 8 ("Lavagem") e sinaliza a preparação para o retorno do espírito que voara.

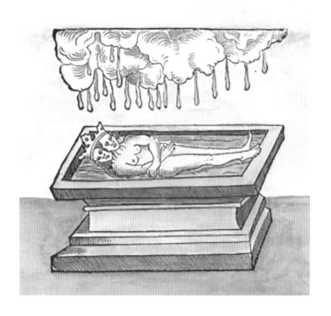

A figura andrógina jaz em silêncio no túmulo e recebe do alto a chuva fecunda. A gravura retrata o redespertar da vida que se aproxima, como na primavera. A segunda rodada da transformação está em fase de conclusão. Diz o texto:

> Aqui a água diminui
> E orvalha a terra com a umidade dele.

As "águas da vida" lavam o corpo do cadáver ("terra"), na preparação para o segundo renascimento. Isso equivale ao momento em que Dante bebe das águas do rio Eunoé, que reforçaram as virtudes de sua consciência solar, na preparação para sua entrada no Paraíso.[12]

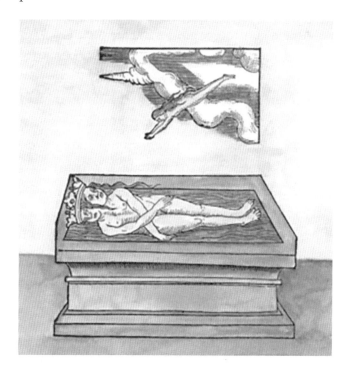

A Gravura 16 mostra o retorno da alma, que partira para uma temporada nas nuvens. Esta é uma imagem reveladora porque o espírito que agora retorna está bastante maduro se comparado ao que partira. Ela está forte e claramente decidida a reentrar no corpo sem vida que jaz na sepultura. Traz-nos à lembrança a canção: "A manhã rompeu, como a primeira manhã [...]". A imagem sugere estar

---

12 *Ver* Capítulo 2, acima.

prestes a romper em celebração, como veremos na próxima gravura. Diz o texto:

> Aqui a alma desce gloriosamente do céu,
> E levanta a Filha da Filosofia.

Aurora está no horizonte. A Rainha Luna, morta na Gravura 14, renascerá como "a Filha da Filosofia", ou seja, como uma *anima* espiritualizada, a *anima* unida ao *animus*. Sua orientação alterou-se por completo. E o *animus* está agora íntima e permanentemente entremeado à sua identidade.

Na Gravura 17, contemplamos a culminância triunfal desta segunda fase do processo de transformação, o Rebis Solar, também conhecido como a "Pedra Vermelha".

Este é, de certa maneira, o complemento do "Rebis Lunar" (a "Pedra Branca") da Gravura 10. Porém, por ser mais imponente e robusto, o Rebis Solar é mais que uma mera declaração complementar. A imagem é muito mais completa e desenvolvida, mais inteira, mais forte. Em comparação, o primeiro Rebis era pálido e exangue, já que a Lua se contrapõe ao Sol. Esta gravura representa o *rubedo* alquímico, quando o brilho do ouro alquímico faz sua súbita aparição. Diz o texto desta gravura:

Aqui nasce o Rei de toda glória.
Não pode haver no mundo
nenhum Maior que ele,
criado seja pela arte ou pela natureza.

É surpreendente que a série não termine aqui. O Sol nasceu, o Rei Sol renasceu e está integrado à Rainha Luna. Agora, ambos têm um lugar em uma consciência integrada. A imagem parece perfeita e completa, *anima* e *animus* integrados e no mesmo nível. Não é esse o auge e o ápice do desenvolvimento psicológico e espiritual? *Animus* e *anima* estão combinados em uma única imagem: o leão (força solar e Logos), as serpentes (instinto lunar e Eros) e o abnegado pelicano (amor) estão todos contidos e unidos em um só símbolo. Porém ainda há mais um estágio de desenvolvimento pela frente que, novamente, envolve morte e renascimento.

Esta terceira e última passagem pela morte e pelo renascimento, que começa na Gravura 18 e termina na Gravura 20, é tão mística e emprega imagens que sugerem tão fortemente a vida após a morte que estou inclinado a pensá-la como um estágio da individuação que excede esta vida e se estende para o Além. Ela também me traz à mente uma penosa questão, regularmente levantada por pacientes idosos ou em processo de envelhecimento que estão começando a notar alguma enfermidade ou declínio mental e perguntam: se eu (Deus me livre!) ficar demente à medida que for envelhecendo, tudo o que ganhei na minha vida com o trabalho interior e a individuação simplesmente vai dissolver-se e desaparecer? Será que nada disso sobrevive à deterioração do cérebro do corpo ou à morte do corpo? Interpretarei este último estágio da transformação, conforme o mostra o *Rosarium philosophorum*, como uma resposta parcial a essas perguntas. Como alternativa, podemos considerá-lo um estágio excepcionalmente avançado e raro do processo de individuação vivido já nesta vida.

A Gravura 18 é a terceira cena de morte da série do *Rosarium*. Um Leão Verde, que representa Mercúrio, devora o Sol.

O Sol, que representa o estágio de desenvolvimento psicológico anteriormente alcançado, não parece satisfeito por estar sendo devorado por Mercúrio, e o sangue se derrama. Esse é o derradeiro batismo por imersão nas águas mercuriais. A personalidade integrada está sendo engolida pelo inconsciente coletivo e desaparecerá de vista de tal forma e a tal ponto que o Sol e a Lua unidos, mortos como estavam na sepultura, não fizeram. O Leão anuncia:

"Sou eu o verdadeiro leão verde e dourado sem cuidado,
Em mim se escondem todos os segredos dos Filósofos".

Mercúrio, o espírito do inconsciente, afirma que em seu ventre jaz a misteriosa Gnose ("todos os segredos dos Filósofos"), há muito buscada pelo Adepto. Para chegar lá, é preciso sofrer essa descida à morte. Os alquimistas acreditavam que somente com esse profundo conhecimento do próprio fundamento da psique poderiam ganhar o poder de transformar outros materiais, transformar metais comuns em ouro, curar todas as doenças e todas as feridas e, assim, ganhar a imortalidade. No ventre do Leão Verde estão os segredos contidos na mente de Deus. Essa é a sabedoria do *Self* transcendente. Sobre Mercúrio, escreve Jung em *Mysterium Coniunctionis*: "Mercúrio corresponde comprovadamente ao *Nous* cósmico dos filósofos clássicos. A mente humana dele provém e, portanto, o mesmo se aplica à vida diurna da psique, que chamamos de consciência".[13] Ele abriga o resultado final da suprema sabedoria.

---

13   C. G. Jung. *Mysterium Coniunctionis. CW* 14, § 117.

Como representação da morte, essa imagem simboliza a mais intensa introversão, que paradoxalmente leva a personalidade em transformação para o reino celestial que vemos na imagem seguinte. Ela mostra a divinização do humano: um ser humano é coroado, o que significa uma mudança de identidade pessoal e histórica para uma identidade arquetípica e eterna.

A Santíssima Trindade coroa a figura humana enquanto as palavras sagradas de uma ação sacramental são ditas (ou entoadas) no céu acima. Essa é a coroa da glória que tradicionalmente, segundo a doutrina católica, teria sido dada à fiel Noiva de Cristo, a Igreja. Sem vergonha, a alquimia reivindicou uma recompensa comparável para os que perseguissem o *opus* fielmente até sua conclusão.

Para a personalidade em processo de individuação, o dom supremo é a elevação da identidade à base arquetípica e à essência fundamental da personalidade, sem nenhum resíduo remanescente do temporal. Em certo sentido, essa é a culminância das duas ascensões anteriores da alma ao céu acima do cadáver do par unido, conforme mostrado nas Gravuras 7 e 14. Na Gravura 19, vislumbramos o Além e testemunhamos o que lá está acontecendo. Essa é a história da jornada de Dante aos reinos celestiais no terceiro canto de *A Divina Comédia, Paraíso*. Ali, o poeta toma conhecimento das realidades e mistérios transcendentes e é, por sua vez, transformado por essa experiência visionária enquanto escreve, de modo que passa a sentir que o centro de seus pensamentos e desejos é guiado pelo "Amor que move o Sol e as outras estrelas". Ele se torna um com o Amor Divino e não é mais o Dante Alighieri que viveu em Florença, suportou anos de exílio e se tornou um famoso poeta romântico. Internamente, ele é Divino, assim como seu poema imortal.

O tema da divinização tem continuação na cena final da série, a imagem do Cristo ressuscitado e triunfante. Este é o terceiro renascimento do *Rosarium* e leva a série a um nível totalmente novo. Uma possível referência na mente do alquimista podem ter sido as palavras de Paulo em 1 Coríntios 13, que prometem um destino como o de Cristo, o que demonstra a conquista do poder da própria morte:

Eis que aqui vos falo de um mistério. Em verdade, nem todos dormiremos, mas todos seremos transformados; num momento, num abrir e fechar de olhos, quando soar a última trombeta. Porque a trombeta soará, e os mortos ressuscitarão incorruptíveis, e nós seremos transformados. Porque convém que este corpo corruptível se revista da incorruptibilidade, e que este corpo mortal se revista da imortalidade. E, quando o corruptível se revestir da incorruptibilidade e o mortal se revestir da imortalidade, então cumprir-se-á a palavra que está escrita:

"Tragada é a morte na vitória."

"Onde está, ó morte, a tua vitória?

Onde está, ó morte, o teu aguilhão?"[14]

---

14   1 Coríntios 13:51-55.

O medo da morte se dissolve. Diz o texto que acompanha a imagem no *Rosarium*:

> "Depois de minha paixão e de meus inumeráveis tormentos,
> Ressuscitei, purificado e lavado de todas as nódoas."

Conclusão

Assim, o processo de transformação alquímica vai além da união de *animus* e *anima*: é uma identificação direta com o *Self*, na qual o ego desaparece em uma unidade transcendente de espírito e matéria. Esse é o destino último do processo alquímico e corresponde ao terceiro estágio de transformação de Dorn, a união do indivíduo totalmente integrado do ponto de vista psicológico ao *unus mundus*.

A analogia, ou identidade, do produto do mistério da transformação alquímica com o Cristo ressuscitado causou preocupação entre os teólogos da igreja, que passaram a declarar a alquimia um ensinamento falso e enganador, uma heresia. De fato, o que os alquimistas estavam dizendo é que os seres humanos poderiam atingir o nível espiritual do Cristo transcendente. Jung, seguindo os mestres alquímicos, fala da "cristificação de muitos" em sua obra subversiva *Answer to Job* (*Respostas a Jó*).

Os psicoterapeutas precisam lembrar que esse processo enseja a possibilidade de inflação arquetípica, risco anteriormente discutido por Jung em "The Relations Between the Ego and the Unconscious" ("As Relações Entre o Ego e o Inconsciente" – ampliação de "A Estrutura do Inconsciente"), em que ele se refere à assim chamada "personalidade mana". Na obra, ele afirma que a imagem arquetípica "se ergue do fundo escuro e se apossa da personalidade consciente [o que] implica um risco psíquico de natureza sutil, pois ao inflar a mente consciente, ela pode destruir tudo o que foi ganho na reconciliação com a *anima*".[15] Embora seja um risco que não pode ser minimizado, ele pode ser evitado se as imagens permanecerem impessoais e forem tratadas como aspectos da psique arquetípica. As palavras de São Paulo, "já

---

15   C. G. Jung. "The Relations Between the Ego and the Unconscious." *CW* 7, § 378.

não sou eu que vivo, mas Cristo que vive em mim",[16] mostram uma linha tênue entre a inflação e a negação. O "novo ser" de que fala a teologia de Paulo é o "Cristo interior", mas isso não extingue as constantes lutas do ego com os complexos, o orgulho e outras enfermidades caracterológicas.

O *Rosarium philosophorum* pode ser considerado um mapa da jornada de individuação, do estado psicológico de divisão e projeção, para a meta da unidade e da individualidade consciente. No decorrer dessa jornada, os opostos representados por Rei e Rainha, as imagens do *animus* e da *anima*, entram em contato íntimo um com o outro. Nesse processo, ambos também são transformados. O *animus* é purificado de ideias e condicionamentos culturais acumulados, e a *anima* é despojada de antigas dependências e vínculos emocionais. Eles passam a investir exclusivamente um no outro e se tornam um só. Isso constitui a visão binocular, quando consciente e inconsciente estabelecem um com o outro um jogo harmonioso para alcançar uma visão nítida das realidades interior e exterior. A personalidade mostra um raro equilíbrio psicológico entre ação e recepção.

Em última análise, há na consciência um nascimento de transcendência que paira acima de todas as divisões criadas pela psique, e o indivíduo entra num espaço de Unidade suprema que supera até mesmo a divisão entre tempo e eternidade, onde Samsara e Nirvana são uma e a mesma

---

16 Gálatas 2:20.

coisa.[17] Nas palavras bíblicas de Jesus de Nazaré: "Eu e o Pai somos um".[18] Esses são estados mentais além de todo condicionamento.

Essas afirmações declaram a meta final da individuação. Mesmo que não sejam alcançadas, elas são dignas de consideração enquanto fazemos nossa jornada pela vida. Meditar com base nas imagens do *Rosarium* tem sido a maneira pela qual algumas pessoas encontraram seu caminho em direção a essa meta final.

---

17 Segundo o antigo filósofo indiano Nagarjuna, "nada no Samsara é diferente no Nirvana; nada no Nirvana é diferente no Samsara". Ambos são produtos da mente presa ao temporal e, portanto, desprovidos de realidade.

18 João 10:30.

"A Lição de Piano": a Misteriosa União dos Opostos de Wolfgang Pauli[1]

―⁓―

"A Lição de Piano", imaginação ativa de Wolfgang Pauli, era para ele um *Mysterium Coniunctionis*, uma união entre "os opostos", conforme a clássica descrição de Jung em sua última obra.[2] Para Pauli, a questão crítica era forjar uma união entre ciência e psicologia profunda, causalidade e sincronicidade, racionalidade e espiritualidade, *anima* e *animus*. Isso se expressaria simbolicamente nesse imaginário ativo como "música para piano". Embora seja um drama simbólico do mistério da individuação com referência específica a seu autor, "A Lição de Piano" também fala de uma possível união dos opostos para a cultura pós-moderna em geral. Como cultura, ainda temos um longo caminho a percorrer

---

1 W. Pauli. "Die Klavierstunde. Eine aktive Phantasie über das Unbewusste." In *Der Pauli-Jung Dialog und seine Bedeutung für die moderne Wissenschaft* (orgs. H. Armanspacher, H. Primas, E. Wertenschlag-Birkhäuser), pp. 317-330. Em inglês: W. Pauli. "The Piano Lesson", pp. 122-134.

2 C. G. Jung. *Mysterium Coniunctionis. CW* 14.

até assimilar a mensagem desta profunda proposta de uma *Weltanschauung* ("Cosmovisão") que sirva de maneira adequada ao presente e ao futuro.

A ideia de sincronicidade é a chave da proposta que faz Pauli de um novo relato da realidade. Ela está profundamente arraigada na peça de imaginação ativa do autor aqui considerada. Essa foi uma percepção que o preocupou durante muitos anos e que provém de seu relacionamento com Jung. Era também um interesse apaixonado que ele compartilhava com Marie-Louise von Franz, brilhante aluna de Jung e, de certa maneira, herdeira dessa teoria, exaustivamente desenvolvida por ela em muitos de seus trabalhos, particularmente em *Number and Time*. Teço esses comentários a fim de preparar o terreno para a discussão de "A Lição de Piano".

Sincronicidade

Hoje, o termo "sincronicidade" é ampla e familiarmente utilizado pelas elites culturais de todo o mundo. Mais que isso: quase todos, se lhes for pedido, podem facilmente relatar uma experiência sincronística, e muitos acham que tais experiências mudaram o curso de suas vidas. As pessoas podem não ter uma teoria para explicar a sincronicidade, mas sabem o que se entende por "coincidências significativas". Tais coincidências são conhecidas e registradas desde tempos imemoriais. Em épocas anteriores, elas foram vistas como intervenções divinas, como mensagens dos deuses, como bênçãos e, às vezes, como maldições. Porém, desde o Iluminismo e a consagração da Deusa Razão na Europa, os pensadores científicos sérios muitas vezes as tacharam de meros eventos casuais desprovidos de significado objetivo. Pensa-se que o significado que lhes pode ser atribuído é puramente subjetivo, produto do pensamento positivo, da superstição, da paranoia ou do medo. No entanto, para Jung, nessas coincidências havia uma mensagem. Ele argumentava que seu sentido objetivo poderia ser descoberto se fosse procurado e, em seus escritos, falou delas como "atos de criação no tempo",[3] abalando assim o consenso científico de sua época, que afirmava que a causalidade e as férreas leis da natureza não dão espaço à criação espontânea não causal no mundo material.

No entanto, imerso como estava na ciência moderna e em seus métodos, Wolfgang Pauli trabalhou profunda, intensa e longamente com Jung no estudo dos fenômenos sincronísticos e das implicações da sincronicidade para a modernidade. Na verdade, o principal interlocutor de Jung na conversa sobre o tema certamente foi esse ganhador do Prêmio Nobel, um gênio da matemática e da física. Ambos consideravam-se cientistas, porém ambos estavam convencidos de que o relato científico moderno da realidade estava incompleto.

Sem dúvida, Jung ficou extremamente satisfeito por ter encontrado um colaborador tão brilhante para esse projeto, o qual ele diz ter começado a fixar-se nele em decorrência de uma reunião com Einstein em 1912. Pauli, famoso pela contundência nas polêmicas com colegas da comunidade científica, levou para a mesa seu raciocínio penetrante. Já

---

3 C. G. Jung. "Synchronicity: An Acausal Connecting Principle." *CW* 8.

aos 18 anos, impressionara Einstein quando escreveu uma revisão detalhada de scu artigo sobre a teoria da relatividade e suas respectivas equações matemáticas. Ambos pertenciam ao pequeno grupo de cientistas que revolucionaram o campo da física teórica e lançaram as bases para a teoria quântica e a cosmologia moderna.

Surpreende que um cientista como Pauli tenha sido atraído pela psicologia profunda. Sem dúvida, a ciência positivista praticada e ensinada nas universidades da época não era suficiente para ele. Havia em sua personalidade um lado religioso suprimido que beirava o místico, e a psicologia profunda de Jung acabou por tornar-se um meio de libertá-lo e de dar-lhe expressão. Pauli revelou-se, a princípio inconscientemente, alguém que buscava sentido e plenitude psicológica.

Em 1933, no início de seu relacionamento com Jung, Pauli sofria de uma severa divisão da personalidade entre tendências conscientes e inconscientes. O *animus* que pensava racionalmente reinava sozinho, e a *anima* senciente e mística estava totalmente ausente ou só se encontrava na projeção sobre mulheres inadequadas. Por sugestão de seu pai, um professor de química de Viena que reconheceu o sofrimento do filho enquanto tal, Pauli, professor do Instituto Federal de Tecnologia (ETH) de Zurique, entrou em contato com o dr. Jung para obter ajuda psicológica. Após uma entrevista inicial, Jung o encaminhou para uma aluna sua, a dra. Erna Rosenbaum, pois rapidamente percebera que o problema de Pauli tinha relação com a repressão da sombra e da *anima* e que seria melhor, pelo menos inicialmente, trabalhá-lo na análise com uma mulher. Isso foi algo brilhante da parte de Jung, como rapidamente comprovaram os resultados da análise de Pauli com Rosenbaum. Pauli entregou-se ao processo sem reservas e, desde o início da análise, registrou seus sonhos e "visões despertas" (imaginações ativas) com incrível dedicação e precisão. A análise abriu a porta para seu inconsciente, e ele a transpôs com ousadia, sem hesitação alguma. Pauli era um explorador "natural" muito talentoso das profundezas do inconsciente. Foi lá que ele encontrou sua alma desaparecida.

Com base nos 400 itens desse material, registrados durante seus oito primeiros meses de análise com Rosenbaum e, posteriormente, também com Jung, e na interpretação de Jung de alguns desses itens em *Psicologia e Alquimia*, Parte II, pode-se concluir que, para o mundo exterior, Pauli era um místico disfarçado de cientista, aliás, muito bem disfarçado. Por certo, isso em nada ofusca seu brilhantismo como matemático e pensador da ciência, mas apenas lhe restitui seu devido valor bem mais do que poderiam tais elogios.

"A Lição de Piano", composta no outono de 1953, apenas cerca de cinco anos antes de sua prematura morte em 1958, deixa clara a dedicação contínua de Pauli à busca de uma maneira de unir *animus* e *anima* e de encontrar uma posição transbinária. Mesmo nesse momento de vida profissional amplamente consolidada e após vinte anos de contato com Jung, ele sofria com o problema de resolver as diferenças entre o que chamava de "as duas escolas", física quântica e psicologia profunda, e lutava na tentativa de encontrar um meio de reuni-las em um só tipo unificado de consciência. Esse foi um motivo central em seus sonhos e visões anteriores e, mais tarde, nas discussões com Jung, como podemos ver em sua correspondência,[44] e é o fardo de "A Lição de Piano". Como diz Pauli nesse trabalho imaginativo, a ciência oferece "palavras" (de explicação) e a psicologia oferece "o significado" dessas palavras na linguagem da imagem e da emoção. Como combiná-los em uma só linguagem? A resposta simbólica a essa pergunta candente para Pauli é a "música para piano", que se compõe de sons tanto das teclas brancas quanto das teclas negras. Com o casamento de *animus* e *anima*, causalidade e sincronicidade são reunidas em uma só teoria unificada. Esse casamento simbólico acontece na imaginação ativa que Pauli envia a M.-L. von Franz.

À medida que se profundavam cada vez mais na interface entre a física quântica e a psicologia profunda, Jung e Pauli lutavam com o fenômeno da sincronicidade e suas implicações. Para a ciência, a psique (o reino da imagem e da imaginação, do consciente e do inconsciente) e o mundo material são domínios rigorosamente distintos. Os cientistas estudam o mundo material para descobrir suas leis e, para fazê-lo com objetividade, tentam de todos os modos eliminar de suas pesquisas fatores psicológicos como projeções, vieses pessoais e culturais etc. Eles querem descobrir as leis impessoais e objetivas da natureza. Quando se tornam conhecidas, essas leis podem ser usadas para fazer previ-

---

4   C. A. Meier (org.). *Atom and Archetype: The Pauli/Jung Letters.*

sões, criar novas tecnologias e, geralmente, para submeter a natureza a um maior controle humano. Porém a teoria da sincronicidade pretende unir os dois domínios, psique e matéria, sob uma única fórmula complexa. Conforme geralmente definido, um evento sincronístico é, como resumem Atmanspacher e Fach, "um fenômeno de coincidência no qual estados mentais e físicos ordinariamente desconexos são vividos como conexos",[55] e eu acrescentaria: "e como *significativos*". Com efeito, o significado é a característica mais crítica da sincronicidade.

Embora seja uma contribuição para a compreensão da realidade, a teoria da sincronicidade não é fácil de digerir nem de integrar por causa da maneira como em geral pensamos. Ela afirma que a psique está profundamente enredada no mundo material e não deve ser considerada um segundo reino nem um reino distinto. É justamente esse enredamento que põe em jogo o significado e a criatividade no relato "monista de duplo aspecto"[6] da realidade. Para Pauli, restava saber como isso se resolveria em sua vida e em seu trabalho como professor de física do Instituto Federal de Tecnologia (ETH) de Zurique.

Se, em certo sentido, o fator da sincronicidade transcende a causalidade, ele não a abole. Relacionar essas duas dimensões e reuni-las em uma só teoria de campo unificada

---

5   H. Atmanspacher e W. Fach (orgs.). "Synchronistic mind-matter correlations in therapeutic practice", p. 79.

6   Para uma discussão do monismo de duplo aspecto e do lugar que ele ocupa no pensamento de Jung e Pauli, *ver* J. Cambray, "German Romantic Influences on Jung and Pauli", *in* Harald Atmanspacher e Christopher A. Fuchs (orgs.), *The Pauli-Jung Conjecture*, pp. 49ss.

tornou-se o grande desafio enfrentado por Jung e Pauli. É algo que se compara, por um lado, a juntar o Oriente e o Ocidente em uma representação unificada do mundo e, por outro, a reunir a consciência e o inconsciente no reino da psique. Em ambos os casos, os sistemas são incomensuráveis, como afirma claramente Jung em carta a Pauli.[7] Apesar disso, é preciso reuni-los em um todo unificado para que se possa traçar uma representação completa da realidade, seja ela psíquica ou cósmica. Do mesmo modo, quando se consulta o *I Ching* com uma mente científica formada no Ocidente, os dois sistemas incomensuráveis são colocados em jogo, como demonstra Jung em seu brilhante "Prefácio ao *I Ching*". Na correspondência entre Jung e Pauli, encontram-se variadas propostas para diagramar uma representação do mundo que incluísse tanto a causalidade quanto a sincronicidade.[8] Jung publicou sua versão final no ensaio "Synchronicity: An Acausal Connecting Principle" ("Sincronicidade: Um Princípio de Conexões Acausais").[9]

---

7   C. A. Meier (org.). *Atom and Archetype*, p. 61.
8   *Ibid.*, pp. 56-61.
9   C. G. Jung, "Synchronicity: An Acausal Principle." *CW* 8, § 963.

O que a sincronicidade introduz na discussão de eventos casuais como as coincidências é o "significado", isto é, algo transcendente, espiritual, proveniente de uma fonte situada além de todas as figuras que possam participar do evento. Além disso, a sincronicidade deriva de uma fonte autônoma e criativa, que está além tanto da psique quanto da matéria. Foram estas três características da sincronicidade – a unidade entre a psique e o mundo, o significado transcendente e a criatividade – que desafiaram a representação científica do mundo na época de Jung e o fazem ainda na nossa. A teoria da sincronicidade perturba nosso modo moderno de pensar a tal ponto que é difícil imaginar o grau da perturbação que não deve ter sentido inicialmente um cientista como Pauli. Em "A Lição de Piano", ele usa a imaginação no intuito de encontrar uma solução para a questão de como os dois princípios – causalidade no sentido jurídico, por um lado, e sincronicidade, por outro – podem reunir-se em uma representação unificada do mundo.

"A Lição de Piano": uma imaginação ativa

Para entender como Pauli aborda o problema da união de *animus* e *anima*, precisamos começar observando o método que ele emprega para atacá-lo, ou seja, a imaginação ativa. Jung desenvolveu a imaginação ativa como método para criar o que ele chamou de função transcendente, isto é, uma ponte ou conexão entre a consciência do ego e o inconsciente. Quando bem-sucedida, a imaginação ativa introduz tal ruptura na consciência normal do ego que lhe permite ultrapassar seus limites usuais e entrar em diálogo com imagens e figuras inconscientes. Em decorrência disso, o ego entra em contato com aquilo que Erich Neumann chamou de campo arquetípico e campo do *self*.

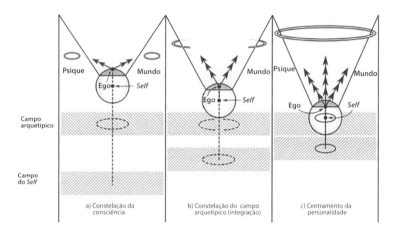

Incluído por Neumann no ensaio "The Psyche and the Transformation of the Reality Planes" [A Psique e a Transformação dos Planos da Realidade],[10] que apresentou ao Círculo de Eranos, o desenho acima representa o movimento que pode ocorrer na imaginação ativa. Esse diagrama representa três campos de conhecimento: o campo do ego, o campo arquetípico e o campo do *self*. Há também três estágios (ou estados) da consciência, que vão da esquerda para a direita no diagrama: a) Constelação da Consciência, b) Constelação do Campo Arquetípico (Integração) e

---

10   Erich Neumann. "The Psyche and the Transformation of the Reality Planes", p. 19.

c) Centramento da Personalidade. Os três estágios mostram diferentes níveis de relação entre os campos abaixo do nível do ego e graus variáveis de separação entre psique e mundo acima do campo do ego. À medida que os estágios se sucedem da esquerda para a direita, os três campos se aproximam: você vê os níveis inferiores em sua trajetória ascendente. No alto, há três graus de separação entre psique e mundo e, indo da esquerda para a direita, vemos essa distância se fechando. Indo da esquerda para a direita, a parte inferior ascende e a superior se fecha, à medida que o estado da consciência atinge o que Neumann chama de "centramento da personalidade". Nosso interesse recai no movimento em direção à percepção do *unus mundus*, que une psique e mundo.

O estágio da extrema esquerda representa a consciência do ego, que separa os espaços subjetivos interiores dos espaços objetivos exteriores e, igualmente, separa o consciente do inconsciente dentro do reino interior. Não há nenhuma conexão perceptível entre eles. No dia a dia, a maioria de nós vive no estado de consciência da esquerda. O bom senso, a educação formal e as atitudes seculares modernas contribuem para reforçar essa divisão entre mundo e psique. Ocasionalmente, podemos nos sentir no estágio do meio, quando o material do campo arquetípico se impõe à nossa percepção, como ocorre na imaginação ativa. E, possivelmente de vez em quando, podemos nos ver no estado de consciência unificada representado à direita, no qual se unem todos os níveis e mundos divididos.

Quando o ego está em contato mais próximo com esses campos, a lacuna entre psique e matéria começa a se fechar, e emerge uma sensação de *unus mundus*, ou seja, de um mundo unificado e não binário. Neumann explica isso em detalhes em outro ensaio, apresentado posteriormente ao Círculo de Eranos: "The Experience of the Unitary Reality" [A Experiência da Realidade Unitária]. É justamente isso que vemos ocorrer em "A Lição de Piano":

> Tenho a impressão de que as teclas brancas são como as palavras e as negras, como o significado. Às vezes as palavras são tristes e o significado é alegre; mas, em outras, ocorre justamente o contrário. Aqui, com a senhora, já não é mais como nas duas escolas que tanto trabalho me deram: sempre consigo ver que existe apenas *um* piano.[11]

Nesse momento, Pauli chega à posição em que as duas escolas aliam suas contribuições e ouve-se uma só peça musical.

"A Lição de Piano" começa com uma súbita reversão no tempo para o período da adolescência de Pauli. Em sua antiga casa em Viena, ele se vê na presença de uma senhora impressionante, identificada como "a professora de piano". Ele está ali para ter uma aula com ela. À medida que a história prossegue, três figuras se destacam como personagens principais: o próprio Pauli, uma figura feminina, ou *anima*,

---

11 W. Pauli, "The Piano Lesson", p. 126.

que assume duas formas, e o Mestre, ou figura do *Self.* As figuras femininas e o Mestre têm uma história em sonhos e imaginações ativas anteriores de Pauli, que não entrarei em detalhes aqui.[12] "A Lição de Piano" torna-se uma história sobre o estabelecimento de relações sólidas entre essas três figuras, e é exatamente isso o que ocorre no terceiro estágio da consciência proposto por Neumann. A figura da *anima* – a professora de piano – representa o campo arquetípico, e o Mestre – a figura do *Self* – representa o campo do *Self.* Quando todos se reúnem, Pauli descobre que já não há conflito entre as "duas escolas" e que tocar piano com as teclas brancas e as teclas negras torna-se uma possibilidade. O que significa isso?

As teclas brancas representam a escola da matemática e da ciência moderna, que usa uma "linguagem" destinada a descrever e investigar as relações entre os objetos materiais de um ponto de vista objetivo. A psique é excluída ao máximo do campo. As teclas negras representam a linguagem do significado, do lado qualitativo, mais que do quantitativo, da realidade vivida. Aqui, a psique é o componente essencial da investigação. Quando as duas se unem e a música é tocada com as teclas brancas e as teclas negras, ouve-se a música de um mundo unificado no qual fato empírico, lei matemática e significado soam em uníssono. Causalidade e sentido (ou seja, sincronicidade) unem-se em um só campo. Os incomensuráveis se unem em uma terceira posição transbinária,

---

12   *Ver.* H. Van Erkelens e F. W. Wiegel. "Commentary on *The Piano Lesson*".

que é representada pela música composta pelos dois conjuntos de teclas tocados juntos. As teclas brancas não excluem as negras, como se pode pensar nos departamentos de ciências das universidades, como diz Pauli. Nem as teclas negras excluem as brancas, como se pode achar nas escolas teológicas e instituições religiosas onde apenas o significado reside e tenta dominar os fatos empíricos e as leis naturais. Essa música para piano os combina para que se tenha a sensação de viver num mundo em que a ciência e o significado se harmonizam e não se contradizem, mas sim contribuem, cada um, com algumas notas para o todo.

A palestra de Pauli para os estranhos

Surpreendentemente, no meio de "A Lição de Piano", Pauli passa a ter a idade que tinha ao escrevê-la. Ainda dentro da imaginação ativa, ele subitamente se vê incumbido de dar uma palestra a estranhos. Isso acontece quando Pauli faz uma declaração reveladora sobre o acaso. Em geral, a ideia de que a natureza opera por leis e regras fixas domina o pensamento dos cientistas. A regra absoluta da causalidade na natureza é o resultado desse princípio. No entanto, no mundo da física quântica, as rígidas leis da natureza parecem estar suspensas, e a probabilidade toma seu lugar. Porém a probabilidade não é segura e pode facilmente provocar mudanças disruptivas. Isso abre as portas à liberdade diante das leis da natureza, mas não inclui de modo algum o elemento do significado. O acaso pode ser cego e não servir para nada. Nesse ponto da imaginação ativa, Pauli diz: "o acaso é sempre flutuante, porém às vezes flutua sistematicamente".[13] É a flutuação sistemática que abre a porta à possibilidade do significado.

Nesse momento, ocorre uma mudança abrupta na imaginação ativa, e Pauli é instruído pelo Mestre a dar uma palestra a uma multidão de estranhos, que aparecem do lado de fora da janela. Pauli agora tem a idade real e fala na condição de professor universitário. Essa será a aula inaugural de sua nova missão vocacional, sua posse na cátedra da disciplina que unifica a física quântica e a psicologia profunda. Só que a palestra é sobre biologia e ele argumenta que a evolução se baseia em dois princípios: adaptação aos ambientes e mutações fortuitas. Ele passa a demonstrar que as mutações fortuitas obedecem a um padrão de flutuações sistemáticas que promove uma linha de desenvolvimento que vai dos organismos simples até chegar ao *homo sapiens* e à psique humana; a uma criatura que é capaz de formas avançadas de consciência. Isso constitui um avanço da natureza que mostra a ocorrência de coincidências significativas subjacentes a todo o processo da evolução da vida no planeta Terra. Pauli ressalta que as mutações costumam ocorrer antes que sua importância para a adaptação ao ambiente seja demonstrada, o que comprova que, em vez de constituírem reações a pressões ambientais, elas têm origem em alguma fonte de criatividade subjacente.

---

13   W. Pauli. "The Piano Lesson", p. 127.

Essa anomalia no padrão de mutações põe em jogo a noção de que a criatividade reside em um local dentro da realidade que implica significado e finalidade. Uma mutação tem finalidade, mesmo que esta não possa ser vista no momento em que surge na realidade material. Em outras palavras, a sincronicidade ocorre na natureza e na história à revelia da humanidade e quando os seres humanos não estão por perto para reconhecê-la. Essa é uma definição mais ampla de sincronicidade do que aquela com que começara Jung, que se restringia à coincidência significativa entre um conteúdo que ocorre na psique humana e no mundo material exterior ao mesmo tempo. Com a extensão da teoria, o mundo natural, independentemente da participação da humanidade, também mostra o princípio da sincronicidade em funcionamento. Primeiro, ocorre a sincronicidade; depois, segue-se a causalidade e, então, acontecimentos posteriores apontam caminhos legítimos. Os dois princípios trabalham em conjunto para trazer o mundo à existência. Isso é tocar piano, ou o que van Erkelens chama de "sinfonicidade".

Após a palestra de Pauli para os estranhos reunidos do lado de fora de sua janela, a figura da anima exclama: "Acho que você me fez um filho".[14] (*Ich glaube, du hast mir ein Kind gemacht.*) Aparentemente, a palestra promoveu uma *coniunctio* e gerou uma progênie que representa a união de *animus* e *anima* e a consequente produção de uma "terceira coisa", ou posição transbinária unificada. Ela constitui mais

---

14 *Ibid.*, p. 134.

uma expressão simbólica da união dos opostos em "A Lição de Piano", como o tocar ao piano, que une a ação das teclas brancas e das teclas negras para produção da música.

"O anel *i*"

"A Lição de Piano" termina com uma cena extremamente simbólica, na qual a figura da *anima* tira do dedo um anel que Pauli não percebera até então. O anel, que simboliza a união entre Pauli e a mulher que acabara de dar à luz um filho seu, é designado como "o anel *i*".

O símbolo *i* fala a língua da matemática. Ele é uma "unidade imaginária" que abre novas dimensões dentro de campos matemáticos. Com esse símbolo, podem-se criar "números complexos" que combinam números reais e imaginários. O símbolo *i* é uma espécie de unificador mágico de opostos, na alquimia conhecido como Mercúrio. "O *i* torna o vazio e a unidade um par",[15] diz Pauli à mulher. (Essa é uma união entre o inconsciente [o vazio] e a consciência do ego.) Ao que a mulher replica: "Ele torna o instintivo ou impulsivo, o intelectual ou racional, o espiritual ou sobrenatural [...] um todo unificado ou monádico que, sem o *i*, os números não podem representar".[16] Em outras palavras, ele unifica todos os níveis da existência, o material, o psicológico/mental e o espiritual. Aqui, ele é apresentado na forma de uma aliança de casamento de um tipo muito especial:

---

15   *Ibid.*
16   *Ibid.*

"É o casamento e, ao mesmo tempo, o reino do meio, que jamais se pode alcançar sozinho, mas apenas aos pares".[17] Isso anuncia que a meta de chegar aos reinos da totalidade e neles viver para sempre foi alcançada. *Animus* e *anima* estão unidos. O "anel *i*" é o símbolo de seu vínculo irracional e eterno, agora consumado.

Essa consumação é então impressionantemente afirmada pela "voz do Mestre", que "fala, transformada, do centro do anel à senhora: 'Tende compaixão'".[18] Trata-se de uma referência direta à apoteose de Fausto nas estrofes finais do poema de Goethe, nas quais o Doutor Mariano se dirige à Mater Gloriosa, o Eterno Feminino:

> *Jungfrau, Mutter, Königin,*
> *Göttin, bleibe gnädig!*
> Virgem, Mãe, Rainha,
> Deusa, tende compaixão!

É uma oração para o futuro e uma bênção para a união entre Pauli e a figura da *anima*, que lhe ofereceu "o anel *i*" e com ele gerou um filho. O Eterno Feminino é invocado pelo Mestre, e essa oração, que é também uma bênção da união permanente entre *animus* e *anima*, significa que agora ela está libertada para assumir uma relação íntima e consciente com o protagonista. O *Mysterium Coniunctionis* ocorreu.

---

17 *Ibid.*
18 *Ibid.*

A Lição de Piano

A transformação da história

Esse seria o fim de um conto de fadas, mas não é bem o fim de "A Lição de Piano". Depois de ouvir a bênção do Mestre, Pauli vê-se de repente fora do contexto da fantasia e de volta ao tempo e ao espaço normais, ou seja, já não se encontrava na constelação ego-*self* arquetípico descrita por Neumann como o terceiro estágio, mas sim de volta ao primeiro. Em outras palavras, a imaginação ativa chega ao fim, e o estado normal de consciência do ego retorna. Agora, Pauli está novamente com o casaco e a gravata de sempre, cuidando de suas tarefas como professor de ciências. Quando se afasta, ele escuta a mulher ao piano. Ela toca um acorde em dó maior de quatro notas: C E G C, dó-mi-sol-dó. Essa sequência é um símbolo da quaternidade e corresponde ao famoso ditado da alquimista Maria, a Profetisa: "Do um, vem o dois; do dois, vem o três e do três, vem o um como o quarto". Esse afirmativo acorde em tom maior assinala a sensação de finalização e a culminância dessa lição de piano. E, já que Pauli ainda consegue ouvir a mulher tocar, embora a distância, significa que a relação entre eles permanece intacta. Uma significativa transformação ocorreu em sua matriz psíquica.

Uma questão em aberto

Contudo, permanece a questão de como entender esse final. É normal retornar à identidade e à consciência do ego habituais após uma intensa imaginação ativa. Porém alguns comentaristas, como Herbert Van Erkelens e Marie-Louise von Franz, interpretaram esse final como indício de que Pauli abandonara o projeto. Embora tivesse prometido voltar à casa da professora de piano e recebido a incumbência de uma nova vocação (ensinar sobre a interface harmoniosa entre a física e a psicologia), ele renega suas promessas. Pauli jamais retorna, jamais leva essa missão intencional ao mundo de sua profissão, ele simplesmente fecha a lição e esquece-se dela. Esse é o severo julgamento de ambos os autores, mas não o considero convincente.

É claro que o casamento de fato ocorreu em um nível interior. Pauli forjou um vínculo permanente e transformador com a *anima*. Só que esse vínculo se destina a fins particulares, e não ao mundo exterior de sua vida profissional ou social. O casamento interior de *animus* e *anima* pode ter transparecido de maneiras sutis em seu comportamento e em seus relacionamentos, mas não foi explicitado em suas palestras nem em suas publicações. Foi uma experiência mística particular, só a ele destinada, embora a tenha contado a Marie-Louise von Franz e até dedicado a ela. Mas, exceto por isso, ele a manteve em sigilo como um segredo bem guardado. Minha intuição me diz que ele continuou a tocar piano a sós; que continuou a ouvir a música da causalidade e da sincronicidade combinadas até o fim de seus dias. Isso significaria que ele, na verdade, continuou a ver os fatos de sua vida, dos maiores aos menores, como significativos e que ficou atento a novos atos de criação no tempo.

Mas talvez essa música fosse para uma era futura, e essa era seria a nossa. Portanto, então cabe a nós alimentar e criar o filho que tiveram Pauli e a Senhora em "A Lição de Piano". Poderíamos levar adiante esse começo, como sugeriram Jung e Pauli e Neumann e von Franz em sua época. Mais recentemente, Atmanspacher e Fach propuseram uma tipologia fenomenológico-estrutural das correlações entre mente e matéria. Aqui, não me deterei nessas frutíferas possibilidades. Apenas confirmarei que esse trabalho vem sendo realizado, em sofisticado nível intelectual, por diversas pessoas. As aplicações clínicas dessa teoria de correlações foram discutidas por Joseph Cambray, Angela Connolly e Yvonne Smith Klitsner.

Conclusão

Outro dia, em Zurique, vi um anúncio na fachada de uma doceria: "Um dia sem chocolate é como champanhe sem bolhas". Sim, pensei. Não teria "graça". Agora ocorre-me que um mundo destituído de sincronicidade e regido apenas pela causalidade seria a mesma coisa: tão "sem graça" quanto champanhe sem bolhas. Imagine a vida sem coincidências significativas que o façam seguir em uma direção totalmente nova; um mundo em que tudo seja rígida e completamente previsível; um mundo sem criatividade nem surpresa, sem instabilidade, sem a bela possibilidade de um encontro casual com um estranho que se revele transformador para a sua vida. Sem dúvida, seria mesmo como champanhe sem bolhas.

Ainda bem que não vivemos em um mundo assim.

Mysterium Coniunctionis: "o Mistério da Individuação"[1]

—⟪∿∿⟫—

Em 1955, ano da comemoração de gala do 80º aniversário de Jung em Zurique e também da publicação de seu último livro, *Mysterium Coniunctionis*, Joseph Campbell publicou uma coletânea de artigos intitulada *The Mysteries*. Esse fora o tema da Conferência de Eranos de 1944, realizada durante a Segunda Guerra Mundial. O volume é composto por 13 palestras de figuras marcantes da área de Estudos Religiosos, como Walter Otto, Karl Kerényi, Walter Wili, Hugo Rahner e, claro, de C. G. Jung, o solitário psicólogo entre eles. "Mistério" parece ter sido um tópico de interesse geral em 1955 e, certamente, foi um tema muito caro ao coração e à mente de Jung.

Mysterium provém das décadas de estudo de Jung sobre a alquimia, mas não só dessa fonte. Outras fontes de inspiração, talvez mais importantes, foram suas experiências

---

1 A frase vem dos diários de Jung. *The Black Books*, vol. 7, p. 227.

pessoais na imaginação ativa, que resultaram no hoje famoso *O Livro Vermelho*: *Liber Novus,* e seu trabalho como psicoterapeuta, um médico de almas. Se virmos sua sala de prática analítica, parcialmente escondida atrás de sua biblioteca, repleta de objetos simbólicos e vitrais de uma antiga igreja medieval que nos lembram um espaço sagrado (um *temenos*), temos a nítida sensação de que se tratava de uma espécie de câmara mágica em que se praticavam os mistérios da transformação psicológica. Seu ensaio "On the Psychology of the Transference" [Sobre a Psicologia da Transferência], publicado em 1944 como trabalho preliminar a *Mysterium Coniunctionis*, é um brilhante relato dos mistérios ocultos da transformação à medida que se desenrolam no âmbito da relação terapêutica. Por uma boa razão, ele já havia denominado o "quarto estágio" da análise como nada menos que "transformação".[2] Este era o mistério: a transformação psicológica. A transformação sempre foi "estranha" e, como ele próprio costumava ressaltar, "sincronística", ou seja, ocorreria *Deo concedente* ("se Deus quisesse"), como se por acaso. Em seu nível mais profundo, todo o processo da individuação era um "mistério", situado além da previsibilidade e da explicação racional.

Jung argumentou ainda que havia uma inegável semelhança entre o tratamento psicoterapêutico moderno e as práticas e resultados das religiões de mistérios da antiguidade. Os antigos Mistérios consistiam em ritos de iniciação

---

2   C. G. Jung. "Problems of Modern Psychotherapy." *CW* 16, § 160ss.

a seus respectivos cultos que, ao mesmo tempo, instigavam transformações psicológicas e espirituais que afetavam profundamente toda a vida do iniciado. Eles efetivamente deflagravam e levavam a cabo processos de individuação nas profundezas do inconsciente – sempre, é claro, *Deo concedente*. Os Mistérios incluíam ritos variados que induziam nos futuros iniciados estados alterados de consciência cujo intuito era propiciar-lhes uma experiência numinosa do "inefável". Como argumenta Jung, tratava-se de uma experiência da "presença viva de um arquétipo numinoso".[3]

Dentre todos os Mistérios, os mais famosos foram os Mistérios de Elêusis. Nesse culto, situado nas proximidades de Atenas e dedicado às deusas Deméter e Perséfone, os iniciados eram levados para a escuridão de uma caverna, onde encontravam a presença das deusas. Como a experiência era *arreton* ("indizível"[4]), permaneceria inevitavelmente secreta. Seu poder transformador dependia dessa experiência inefável. Em seus 1.500 anos de existência como culto ativo, os ritos dos Mistérios de Elêusis nunca foram revelados pelos iniciados a nenhum estranho. Em parte, isso ocorreu porque os iniciados faziam o juramento do silêncio, mas outro motivo era o fato de eles *não conseguirem* falar sobre os ritos. Isso estava além de seus poderes de articulação. Certas experiências da análise também são assim: *arreton*. Os relatórios clínicos geralmente são monótonos e prosaicos, mas às

---

3   C. G. Jung. *Mysterium Coniunctionis*, § 312.
4   K. Kerényi. "The Mysteries of the Kabeiroi", p. 37.

vezes a experiência no interior do *temenos* do tratamento é inefável.

Os Mistérios de Ísis tinham natureza semelhante. O único testemunho, ainda que parcial, do que acontecia no culto encontra-se no romance picaresco *Metamorfoses (O Asno de Ouro)*, de Apuleio, em cujo capítulo final o autor nos permite um vislumbre dos ritos secretos praticados pelos sacerdotes e neles vividos pelos iniciados.

Embora os métodos junguianos de análise possam, em alguns de seus aspectos, assemelhar-se às religiões de mistérios da antiguidade, Jung não fundou, ao contrário do que sugeriram certos rumores, um culto, na acepção de sociedade fechada com ritos secretos e rituais de iniciação. Tomados como um grupo, em suas sociedades e institutos profissionais, os psicanalistas junguianos não se dedicam a práticas cultuais como fazem os maçons, por exemplo. Apesar disso, há uma aura de segredo e de sagrado no espaço analítico. A análise assume o compromisso da confidencialidade rigorosa e tem um poderoso efeito transformador sobre os participantes graças a seu forte envolvimento com o inconsciente. Às vezes, eles tocam na "presença viva de um arquétipo numinoso". Isso constitui um aspecto essencial do processo de individuação quando este vem à tona na análise. E tem a qualidade emocional de "uma época cheia de eventos sagrados e dotada de uma atmosfera específica", à qual chamamos de "campo". A ideia do campo psicológico provém do eletromagnetismo e, quando aplicada ao espaço interativo interpessoal formado entre analista e analisando, fala das conexões conscientes e inconscientes que são ativadas e geram energia psíquica suficiente para induzir transformações.

Graças a seu poder transformador, os "mistérios" de muitas culturas e religiões fascinavam Jung. As numerosas referências a "mistérios", *mysterium*, "misticismo" e os muitos outros tópicos relacionados no índice das *Collected Works* (*Obras Completas*) testemunham seu interesse de longa data pelo tema. Sua exaustiva pesquisa sobre o mistério da transformação certamente não visava à aquisição de um passe para entrada no "espírito do tempo", onde seu valor seria na maior parte negativo, de qualquer maneira. Tampouco foi empreendida apenas por razões puramente pessoais, que, aliás, não faltaram, conforme veremos a seguir. Em vez disso, essa pesquisa foi impulsionada por sua descoberta de uma marcante ressonância entre práticas tão antigas e as transformações psicológicas que testemunhara em si mesmo e em seu consultório como psicanalista praticante. Havia algo de arquetípico, isto é, universal, nesse processo de transformação psicológica que denominou de "individuação", e ele pretendia expô-lo à luz da consciência moderna.

Para Jung, a palavra "mistério" imediatamente sugeria "o inconsciente". Os fenômenos são misteriosos porque nossa consciência não pode abarcá-los nem apreender seu significado. Sua causa é desconhecida ou opaca; oculta-se à nossa visão, pelo menos no momento. Enquanto tais, os fenômenos atraem projeções inconscientes e se tornam simbólicos. A psique lança mão de seus recursos para com eles estabelecer uma conexão por projeção, seja de atributos, de causas invisíveis ou de explicações imaginativas. Isso propicia algum tipo de compreensão, só que não é uma compreensão científica, baseada em medições exatas nem em indícios de causalidade. Em uma nota editorial à segunda edição de *Mysterium Coniunctionis*, Jung afirma que, nessa obra, está "interessado em fatos psicológicos no limiar do cognoscível".[5] Tais fatos psicológicos não apenas são desconhecidos na época, como podem ser, em grande parte, incognoscíveis por princípio, já que não estão sujeitos ao estudo científico no sentido usual do termo. Talvez a ciência jamais consiga explicá-los. Alguns fenômenos situam-se além do alcance da compreensão da mente racional, mesmo que possam ser descritos detalhadamente. Segundo Jung, isso torna necessário o uso de metáforas e imagens para explorar esse território inconsciente. Seu método de interpretação seria a amplificação, a coleta de imagens paralelas de outras culturas e outras épocas.

Com efeito, o forte uso de metáforas e símbolos em um texto explicativo indica que o tema em discussão está no "limiar do cognoscível" e, portanto, necessariamente tem em si uma aura de mistério. Ao longo de toda a vida, e mais drástica e pessoalmente em *Liber Novus* , Jung empenhou-se em explorar os limites do conhecido e do cognoscível, ou seja, do inconsciente. A infinidade de referências existentes no índice das *Obras Completas* a "mistérios", "mistério", "misticismo" e tópicos afins atesta o constante interesse de Jung,

---

5   C. G. Jung, nota editorial. *Mysterium Coniunctionis*, p. vii.

na qualidade de psicólogo profundo, em enunciados e sistemas simbólicos. Sua missão primordial na vida foi explorar o inconsciente, ou seja, o mistério.

Para Jung, especialmente nas obras de seus últimos anos, foi a alquimia, dentre todas as escolas de mistérios, a mais importante para a psicologia, embora estivesse longe de ser a única. Outras de grande interesse para ele foram a cabala, o mitraísmo, as religiões de mistérios da Grécia e da Roma antigas e os esoterismos modernos. Sua exaustiva pesquisa sobre os Mistérios de várias religiões e mitologias equivale a uma profunda pesquisa psicológica sobre as bases inconscientes de estruturas e processos que se encontram sob a superfície de construções psicológicas pessoais e culturais coletivas. Desde o início da carreira, Jung tentou olhar abaixo e por trás da superfície do fluxo dos fenômenos registrados pelos sentidos na vida consciente para perceber as forças psicológicas e espirituais invisíveis que os formam. À medida que entendia sua própria missão, a tarefa da psicologia profunda era investigar a dinâmica e a direção dos processos inconscientes, ou seja, os "mistérios" da psique. Seu método era fenomenológico: ele estudava o visível no intuito de vislumbrar a invisível dinâmica de fundo que subjazia a todos eles. A esses fenômenos, ele então denominaria arquetípicos.

Uma das tendências arquetípicas primordiais da psique que Jung descobriu é a de instigar a unificação de "opostos", depois de terem sido constelados e configurados na psique. Esse é o *Mysterium Coniunctionis* ("o mistério da união"), do qual Jung fala em seu último livro. É como estudar a força da gravidade, pois a gravidade também é invisível e extremamente difícil de definir teórica e experimentalmente. A gravidade consiste na ação dos grávitons, mas o que são "grávitons"? São ondas ou partículas? Ou ambas as coisas? No caso da psique, a pergunta de Jung era: como podemos entender esse tipo de energia psicológica que une ("libido"), que atrai os opostos e os junta? Como força psicológica, essa misteriosa energia semelhante à da gravidade é uma chave para o processo de individuação. Ela é uma força de organização que produz uma personalidade singular e completa. Partindo de estudos comparativos, Jung conjeturou que essa força é arquetípica, isto é, universal, e tem um papel de importância crítica no processo interior e essencialmente silencioso e oculto de transformação psicológica pelo qual as peças da psique, numerosas e dispersas, se unem. *Mysterium Coniunctionis* seria sua última e principal tentativa de estudar esse processo de unificação.

Uma questão relacionada que considerarei nesta reflexão é o antigo problema "dos muitos e do único", ou seja: o paradoxo da diversidade e da unidade, no que este diz respeito à individuação, tanto pessoal quanto coletiva. A força que pressiona pela unidade entra fatalmente em conflito com a força que pressiona igualmente pela diversidade e pela pluralidade? Ou serão elas pressões complementares que se equilibram uma à outra e podem acomodar-se a um único desígnio?

O experimento de *O Livro Vermelho*: *Liber Novus*

Os mistérios clássicos seguem um modelo definido para promover o processo de transformação. Eles se baseiam invariavelmente no padrão arquetípico de morte e renascimento. Tendo isso em mente, relatarei a história de Jung, conforme ele próprio a contou em seu *Livro Vermelho*, intitulado *Liber Novus*. Jung começou seu "experimento" (segundo o chamou) com a imaginação ativa em novembro de 1913, quando tinha 38 anos de idade. Tal "experimento" tornou-se uma experiência de transformação psicológica formativa que influenciou o resto de sua vida, que na época estava apenas entrando na segunda metade. Logo no início desse experimento, ele encontrou duas figuras que se chamavam Elias e Salomé. Ambos teriam papel decisivo em sua transformação. O relato desse encontro começa no Capítulo 9 do *Liber Novus*, intitulado *Mysterium*, e prossegue pelos Capítulos 10 ("Instrução") e 11 ("Solução"). Essa história assinala o clímax de *Liber Primus*, a primeira parte de *O Livro Vermelho*. Esses capítulos seguem à risca o padrão que encontramos nos Mistérios de Elêusis e nos Mistérios de Ísis: preparação, instrução, iniciação. Jung reconheceu claramente essa semelhança, como admite em uma nota ao texto intitulada "Guiding Reflections": "Essa, meu amigo, é uma peça de mistério na qual me lançou o espírito das profundezas. Eu havia reconhecido a concepção e, por isso, o espírito das profundezas permitiu-me participar das cerimônias do submundo, que deveriam instruir-me a respeito das intenções e das obras de Deus. Com esses rituais, deveria eu ser iniciado nos mistérios da redenção".[6]

Jung é preparado de diversas maneiras por Elias e Salomé para o mistério da transformação. Em um momento crítico desse encontro com ambos, ele recebe um ensinamento (Capítulo 10, "Instrução") que transformará radicalmente sua atitude em relação às figuras imaginárias com quem está e lhe ensinará sobre aquilo que mais tarde chamaria de "a realidade da psique". Esta foi a conversa:

> Elias: "Pode chamar-nos símbolos pela mesma razão que também pode chamar símbolos a seus semelhantes, se assim quiser. Porém somos tão reais quanto seus semelhantes. Você nada invalida e nada resolve quando nos chama símbolos."
> Eu: "É terrível a confusão em que me envolves. Queres ser real?"
> Elias: "Sem dúvida, somos o que tu consideras real. Eis-nos aqui, e tens que nos aceitar. A escolha é tua."[7]

A essa notável declaração de Elias, que viria a tornar-se a base da teoria junguiana da psique em escritos posteriores, segue-se uma dramática iniciação descrita no Capítulo 11, "Solução". Jung foi cuidadosamente preparado para esse

---

6 C. G. Jung. *The Red Book*, exemplar para divulgação, p. 178, nota 162.
7 *Ibid.*, p. 187.

momento pelo profeta e por sua companheira feminina (Jung os interpretaria como Logos e Eros; também como *Animus* e *Anima*). No momento crítico, que marcará o clímax desta parte de *Liber Novus*, ele se vê envolvido em uma visão e involuntariamente mudado pelo misterioso poder da transformação. Diz ele:

> Estou tomado de medo pelo que vejo. [...] Vejo a cruz e, nela, o Cristo em sua derradeira hora e em seu derradeiro tormento – ao pé da cruz, enrosca-se a serpente negra – ela se enroscou em torno de meus pés – estou preso e abro bem os braços. Salomé se aproxima. A serpente se enroscou em torno de todo o meu corpo, e meu semblante é o de um leão.
> Salomé diz: "Maria foi a mãe de Cristo, entendes?"
> Eu: "Vejo que uma força terrível e incompreensível me obriga a imitar o Senhor em seu tormento final. Mas como posso atrever-me a afirmar que Maria é minha mãe?"
> Salomé: "Tu és Cristo."
> É como se eu estivesse sozinho em uma grande montanha, de braços abertos, estendidos rigidamente. A serpente aperta-me o corpo em sua terrível espiral; o sangue escorre de meu corpo, derramando-se pela encosta da montanha... A serpente desprende-se de mim

e languidamente se deixa ficar no chão. Passo por cima dela e ajoelho-me aos pés do profeta, cuja silhueta reluz como uma chama.

Elias: "Teu trabalho se cumpre aqui. Outras coisas virão. Busca incansavelmente e, acima de tudo, escreve exatamente o que vires."[8]

Anos mais tarde, em 1925, em um seminário com seus alunos em Zurique, Jung lhes disse: "As feições animais em que senti transformar-se meu rosto foram as do famoso [Deus] leontocéfalo dos mistérios mitraicos".[9] Ainda nesse mesmo seminário, Jung passa a comparar sua experiência aos antigos mistérios:

> Essas imagens têm tamanha realidade que se recomendam e tão extraordinário significado que nos prendem. Elas fazem parte dos antigos mistérios; na verdade, foi de fantasias como essas que se fizeram os mistérios. Comparem-se os mistérios de Ísis, descritos por Apuleio, com a iniciação e a deificação do iniciado. [...] A sensação de quem se submete a tal iniciação é peculiar. [...] Nesse mistério de deificação, você se transforma no veículo

---

8 *Ibid.*, pp. 197-198.
9 C. G. Jung. *Analytical Psychology*, p. 106.

e se torna um veículo da criação no qual os opostos se reconciliam.[10]

Sem dúvida, a experiência de Jung é uma versão moderna dos antigos mistérios de transformação. Sua experiência de "divinização" transformou a figura da *anima*, Salomé, e restabeleceu-lhe a visão, além de ter levado Jung da temporalidade ao reino dos deuses, à eternidade. O deus mitraico Aion rege o tempo e, especificamente, as revoluções dos astros, excedendo assim a temporalidade e suas limitações.

Uma questão relacionada, em torno do problema do amor, é repetidamente levantada em *Liber Novus*. Ao longo de *Liber Novus*, Jung luta com o sentido do amor. Como sabemos, para Dante a realidade última do Universo era o Amor Divino, e para ele, esse amor era representado por Cristo. Em *A Divina Comédia*, o resultado final da suprema revelação do último Canto é descrito da seguinte maneira:

A tão alta compreensão não me conduziram
as asas da minha mente; todavia, eis que fulgor divino veio sacudir-me e saciar o meu desejo de tal verdade penentrar.
Neste ponto faltou alento à minha inspiração.
Mas já então, Deus dominava minha vontade,
fazendo-a conforme ao seu Amor, qual roda

---

10 *Ibid.*

obediente ao mando do motor – Amor que
move o Sol e as mais estrelas.[11]

Dante torna-se um com o Amor, a energia divina que subsiste no *Unus Mundus* e é o Móvel Primordial do cosmos. Na terminologia de Jung, isso constituiria a união com as energias do *Self*. Em *Liber Novus*, Jung não atinge esse nível da transformação, mas dele obtém uma prévia. Ao longo de *Liber Novus*, ele reflete de modo repetido e quase compulsivo sobre a figura de Cristo e sobre o compromisso cristão absoluto com o amor.

Vale a pena ressaltar que a transcrição caligráfica de Jung do manuscrito de *Liber Novus* para *O Livro Vermelho* termina abruptamente no meio da frase. Isso introduz no texto uma ruptura espantosa, um instante semelhante ao fulgor do clarão que conclui o poema de Dante. E ocorre no exato momento em que Jung está prestes a receber um estranho presente:

> Pássaro: "Tu me ouves? Estou muito longe agora.
> O céu está tão distante.
> O inferno está muito mais próximo da terra.
> Encontrei algo para ti, uma coroa descartada.
> Estava numa rua, no espaço incomensurável do Céu, uma coroa de ouro." E, agora, ela já está em... (aqui termina o texto caligráfico)

---

11 Dante. *A Divina Comédia: Paraíso* XXXIII: 140-146, p. 331.

O presente que o Pássaro deposita na mão de Jung é "uma coroa de ouro, com uma inscrição na parte interna; o que diz? 'O amor nunca termina'. Um presente do Céu. Mas o que isso significa?"[12] Jung fica intrigado com o presente.

De nossa perspectiva, como leitores contemporâneos de *Liber Novus*, sabemos que isso significa que Jung está destinado a vivenciar um mistério de transformação semelhante ao de Dante. Esse futuro é sugerido também na última cena de "Escrutínio", a terceira parte de *Liber Novus*, quando Cristo aparece no jardim de Jung e é reconhecido por Filêmon como "verdadeiramente um rei. Vossa púrpura é sangue, vosso arminho é neve do frio eterno dos polos, vossa coroa é o corpo celeste do sol, que levais na cabeça".[13] Segue-se um diálogo entre Filêmon e Cristo, no qual Cristo reconhece em Filêmon Simão, o Mago, antigo mágico de notoriedade bíblica, que tomou essa forma alterada em *Liber Novus*. Filêmon diz a Cristo que ele e sua esposa, Baucis, agora são os anfitriões dos deuses, assim como o antigo casal grego. Aparentemente, Filêmon incluiu em sua identidade de mago a do homem humilde que, ao lado da esposa, recebe em seu lar figuras divinas. Em *Liber Novus*, ele é os dois personagens. Filêmon declara que um "hóspede anterior" fora recebido no jardim, o qual era "seu terrível verme", ou seja, Satã, a figura arquetípica da Sombra que Jesus rejeitara e que, aqui, é reconhecido como irmão de Cristo. Filêmon prossegue: "Agora que dei ao verme um lugar em meu jardim, vós

---

12 C. G. Jung. *The Red Book*, exemplar para divulgação, p. 441.
13 C. G. Jung. *The Black Books*, vol. 6, p. 245.

viestes a mim".[14] O verme trouxe o dom da "feiura", declara Filêmon, e pergunta a Cristo se trouxera o dom da "beleza". Cristo responde: "Eu vos trago a beleza do sofrer. É isso que falta a quem hospeda o verme".[15]

Sofrer o conflito entre esse par de opostos será, para Jung, o caminho para os estágios seguintes do mistério da transformação, um dos temas principais de seu último livro, *Mysterium Coniunctionis*.

Mais ou menos três décadas depois, no inverno de 1944, Jung participa de outra experiência de união de opostos, desta vez entre os aspectos masculino e feminino do *Self*, enquanto se recupera de um ataque cardíaco no leito de um hospital. Em uma série de três visões, ele presencia os casamentos místicos de Malkuth e Tiphareth, de Hera e Zeus e de Cristo e sua Noiva. Em *Memories, Dreams, Reflections* (*Memórias, Sonhos, Reflexões*), ele dá plena expressão ao seu sentimento da natureza numinosa dessas visões em palavras que ecoam as descrições de Dante sobre o Céu em *Paraíso*. Diz Jung: "Eram estados inefáveis de regozijo. Anjos estavam presentes, e luz".[16] Mais tarde, ele explicaria psicológica e teoricamente o significado dessas visões em sua obra-prima, *Mysterium Coniunctionis*.

Em *Os Livros Negros* (*Carl Jung: The Black Books*), há um detalhe curioso sobre a entrada escrita por Jung referente à cena do jardim com Filêmon e Cristo, que merece menção.

---

14 *Ibid.*, p. 246.
15 C. G. Jung. *Liber Novus*, p. 553.
16 C. G. Jung. *Memories, Dreams, Reflections*, p. 294.

Liber Novus se baseia nas entradas que Jung escreveu em seus diários, chamados de "livros negros", à medida que ele ia vivendo as experiências. Em *Os Livros Negros*, agora publicados, a entrada da cena do jardim tem a data de 6.VI.16. As entradas dos *Livros Negros* continuam com mais entradas de datas posteriores, mas é esta entrada de 6 de junho de 1916 que é a base para a conclusão de "Escrutínios", a terceira e última parte de *Liber Novus*, conforme sua composição na versão manuscrita. Ou seja, essa entrada em que Cristo aparece no jardim de Jung (Filêmon) significa "O Fim" de *Liber Novus*. O fato curioso é que o fim da vida de Jung foi no mesmo dia do mesmo mês, 6 de junho. O ano de sua morte, 1961, é um número que inverte os dois últimos números da data da entrada dos *Livros Negros*: 1916. Em ambas as datas, o dia 6 de junho caiu numa terça-feira, em alemão *Dienstag*, que significa um dia de trabalho (*Dienst* = trabalho; *Tag* = dia) ou "de serviço". Para Jung, 6 de junho de 1916 foi o início de sua Grande Obra, a qual se estenderia até seu último dia de serviço, 6 de junho de 1961. A data cai no mês astrológico de Gêmeos, signo que simboliza os dois lados de um único ser, simbólico do consciente e do inconsciente. Apresento essas estranhas coincidências como um mistério que não precisa ser explicado. Jung o chamaria de "sincronicidade".

Mysterium Coniunctionis: um estudo sobre o mistério da individuação

"Este livro foi iniciado há mais de dez anos", escreve Jung no Prefácio de *Mysterium Coniunctionis*, e é sem dúvida o seu livro mais difícil de ler e compreender. Repleto de densas referências e citações da alquimia, ele logo impede o leitor moderno de entregar-se ao hábito corriqueiro da leitura transversal. Ao contrário da maioria de nós, Jung lia os textos alquímicos em seus idiomas originais e supunha (erroneamente) que a familiaridade com os clássicos de seus leitores era semelhante à dele. "Para entender a alquimia", comentou ele mais tarde, "o conhecimento do latim e do grego foi-me essencial. Li centenas de textos que nunca tinham sido traduzidos e permanecem sem tradução até hoje. Os que foram traduzidos, preferi ler em latim. Para mim, eram mais inteligíveis no latim".[17] Felizmente, para a maioria de nós, a versão inglesa de *Mysterium* tem as citações de textos alquímicos traduzidas para o vernáculo. Os trechos originais são incluídos em um apêndice para os que tiverem educação clássica.

Além do problema de transpor esses numerosos obstáculos, o destino final de *Mysterium* é cercado por tantos desvios e atalhos, ainda que fascinantes, que o leitor muitas vezes se frustra e se sente desnorteado e perdido. O caminho para a meta final da obra, que é levar o leitor a uma compreensão daquilo que a união dos opostos significa em

---

17 A. Jaffé. *Streiflichter zu Leben und Denken C. G. Jungs*, pp. 58-59.

termos psicológicos, não é simples, apesar da clareza do Sumário. De acordo com James Heisig, essa estrutura nada forneceu, a não ser "uma espécie de forma na qual ele poderia derramar seus arquivos sobre literatura alquímica".[18] A meu ver, essa seria a opinião de um aluno que não tivesse dedicado tempo suficiente ao texto. Contudo, de modo supercial, ela tem mérito. O tecido textual é extremamente entrelaçado e sutilmente tramado a partir de muitos fios da literatura alquímica. Nesse aspecto, assemelha-se às obras alquímicas que Jung usou. De certo modo, ele criou uma imagem reflexa dos escritos alquímicos que estava decifrando.

O tema básico de *Mysterium* é uma transformação psicológica fundamental em vários níveis conscientes e inconscientes. Para investigá-la, Jung decide buscar na alquimia modelos do processo de transformação. Afinal, a alquimia era uma tentativa de transformar o desvalorizado em valioso, a escória em ouro espiritual. Jung se baseia nas obras de grandes nomes da alquimia como Maria, a Profetisa, Senior, Geber, Nicolas Flamel, Gerhard Dorn, Valentino, Raimundo Lúlio, Thomas Norton, Paracelso e Abraham Eleasar, bem como textos alquímicos das principais coleções. Sua biblioteca particular de obras alquímicas, montada ao longo de várias décadas, era na época uma das mais vastas do mundo.

Além de formidáveis obstáculos à compreensão de uma pessoa moderna – citações gregas e latinas no original, referências cruzadas e intrincadamente associadas a obras al-

---

18   J. Heisig. *Imago Dei*, p. 108.

químicas obscuras, um método de exposição mais circular que direto –, o leitor tem que saber muito sobre os escritos anteriores de Jung para apreender este. Trata-se de um livro que está no topo de uma pirâmide de escritos que se estende de 1900 a 1955. Além disso, a publicação de *O Livro Vermelho*, em 2009, e *Os Livros Negros*, em 2020, mais de 50 anos depois de *Mysterium*, aumenta as complicações porque agora também são consideradas leituras essenciais para entender *Mysterium* de maneria adequada. Trata-se de tarefa, sem dúvida, muito difícil! Muita gente desiste e coloca o livro de volta na estante, guardando-o "para depois". Para mim, depois de viver com essa obra durante quase 50 anos agora, ainda me sinto como uma espécie de explorador novato cutucando em um vasto campo cheio de joias de sabedoria psicológica escondidas. A palavra *mysterium* não está nem um pouco fora de lugar! E, confesso, dentre todos os livros de Jung, *Mysterium* é o meu favorito.

Temos que considerar essa última obra no contexto da história pessoal e intelectual do autor. *Mysterium* é muito mais que um resumo acadêmico das décadas que Jung passou debruçado sobre os escritos alquímicos ocidentais. Ele constitui uma profunda penetração nos misteriosos processos de transformação psicológica e espiritual que se inscrevem nesses textos obscuros, quase indecifráveis, e demonstra, ainda que indiretamente, como eles têm relação com a individuação hoje. Basicamente, *Mysterium* é a palavra final de Jung sobre a individuação nos confins da possibilidade humana. Trata-se do potencial humano para a totalidade psicológica e do caminho para sua realização.

Mysterium Coniunctionis é o único volume das *Obras Completas* cujo título não foi traduzido para o vernáculo no original alemão nem em qualquer de suas diversas traduções. Como o próprio latim, ele se destaca como um monumento ao universal e ao atemporal. O título dá a esta obra de peso uma qualidade arquetípica; ela tem em si uma aura mística que é instigada pelo próprio título.

O nascimento do *Mysterium*: Karl Kerényi e o *Fausto*, de Goethe

Na Introdução, Jung afirma que *Mysterium* foi inicialmente inspirado na monografia de Karl Kerényi *Das Ägäische Fest* ("O Festival Egeu"). Publicado pela primeira vez em 1941, o enxuto trabalho de Kerényi caracteriza-se pelo brilhantismo. Trata-se de uma reflexão poética sobre uma cena da segunda parte de *Fausto*, de Goethe, que se passa no território mitológico da Grécia antiga, a especialidade do autor. Renomado estudioso da mitologia grega, Kerényi era na época um dos participantes regulares das Conferências de Eranos e um estimado colega e amigo de Jung. Sem dúvida, Kerényi interessou-se especialmente por essa cena de *Fausto* porque ela se situa no espaço imaginário da Grécia mitológica. E certamente é porque nela há um forte elemento alquímico que o interesse de Jung foi tão fortemente atraído pela monografia de Kerényi.[19]

---

19 Para uma excelente discussão dos temas alquímicos presentes em *Fausto*, ver *A Most Mysterious Union: The Role of Alchemy in Goethe's Faust*, de Stephen Y. Wilkerson.

A natureza da Segunda Parte de *Fausto* é manifestamente simbólica do início ao fim. Ao contrário da Primeira Parte, que se passa no mundo sensível e é uma história sobre a primeira parte da vida do protagonista, a segunda parte de *Fausto* transcorre inteiramente num reino imaginário de imagens arquetípicas e eventos simbólicos. Goethe considerava a totalidade de *Fausto* um relato de sua própria vida interior, e a segunda parte diz respeito às suas experiências e imaginações ativas da segunda metade de sua vida. Como Dante, ele só concluiu seu *magnum opus* pouco antes de sua morte. A Segunda Parte da obra pode ser lida como um resumo poético da jornada psicológica e espiritual de Goethe nos estágios finais da individuação, à medida que ele mergulha no inconsciente coletivo e descobre a fonte da transformação e da redenção arquetípicas no que ele chama "o Eterno Feminino".

O que deve ter chamado em especial a atenção de Jung no episódio sobre o qual escreve Kerényi é o surgimento da famosa figura alquímica do Homúnculo e a dramática cena de sua *coniunctio* com a bela Galateia. Na história, o Homúnculo foi criado no laboratório do professor Fausto por Wagner, seu assistente, e quando conhecemos o "homenzinho" nessa cena ambientada na costa do Mar Egeu, ele está procurando ansiosamente uma maneira de encarnar-se como um ser humano completo. Ainda encerrado no vaso alquímico de vidro semelhante ao útero em que foi gerado, ele quer desesperadamente sair e adentrar a vida plena e materialmente. Ao ver a belíssima Galateia flutuando ao largo em uma concha, ele fica eletrizado e começa a brilhar.

Depois de pedir a um filósofo vizinho que o lance ao mar, ele vai em busca frenética por seu amor. À medida que seu estado de excitação vai aumentando com a proximidade de Galateia, ele brilha cada vez mais intensamente e, no clímax do encontro, a força de sua energia rompe com um estouro a sua bolha de vidro. Lascivamente, os dois fazem as águas ferverem no frenesi de sua apaixonada *coniunctio*. Ao presenciar essa cena incrível, as sereias cantam:

> Que maravilha ardente transfigura o mar?
> Ondas rompem-se e reluzem, que tempesta-
> de será?
> Só fulgor e ondas, um prodígio de luz
> imanente,
> corpos assim tão candentes.
> Noite adentro se agitam como se fora um
> jogo
> e, por toda parte, o turbilhão do fogo!
> Que Eros, causa primeira de tudo, reine e seja
> coroado!
>> Salve o mar, sua maré inconstante,
>> Pelo fogo sagrado embelezados!
>> Salve as ondas, salve a chama,
>> Salve este evento inominado![20]

De acordo com Jung, essa cena "baseia-se em *As Núpcias Alquímicas de Christian Rosencreutz*, em si um produto do tradi-

---

20   Goethe. *Faust*, Parte Dois, p. 123.

cional simbolismo do *hieros gamos* da alquimia".[21] A cena de *Fausto* é um exemplo dramático de *Mysterium Coniunctionis* que deixou profunda impressão na mente de Jung. Em decorrência disso, ele começou a escrever o que se tornaria sua principal obra sobre símbolos alquímicos e individuação.

Kerényi conclui seu comentário sobre "O Festival Egeu" escrevendo incisivamente: *Homunculus Abenteuer ist das Mysterium des Entstehens* ("A aventura do Homúnculo é o Mistério da Transformação" – ou da "Emergência" ou do "Novo Começo").[22] Um caso de amor apaixonado marca o início do mistério da transformação que se seguirá: ele planta a semente do estágio seguinte da individuação.

No poema de Goethe, esse desdobramento adicional incluirá o caso de amor imaginário de Fausto com a divina Helena, a figura arquetípica da *anima* na cultura grega clássica, com quem ele gera um milagroso filho precoce, o menino Euforião ("Euforia"), que voa alto e longe demais e cai morto a seus pés, quando Helena parte e retorna à sua vida no reino dos mortos. No final, na idade provecta de 100 anos, a alma de Fausto, libertada e separada de seu corpo pelo "amor eterno" (*"die ewige Liebe"*),[23] é levada ao céu, onde canta o Coro Místico:

> Tudo que é transitório
> é precisamente [apenas] uma semelhança.

---

21 C. G. Jung. *Mysterium Coniunctionis*, p. xiii.
22 K. Kerényi. *Das Ägäische Fest*, p. 74.
23 Goethe. *Faust* II, 11964.

O que não pode ser alcançado,
aqui acontece.
O que não pode ser descrito,
aqui é feito.
O Eterno Feminino nos atrai,
sem cessar.[24]

Essa é a conclusão de *Fausto*, de Goethe, e não muito diferente da de Dante em *A Divina Comédia*.

Mysterium Coniunctionis: o texto

Mysterium Coniunctionis é um livro longo, intrincadamente tecido e engenhosamente concebido. O Sumário pode funcionar como uma rápida orientação inicial para o que constitui o mais desafiador dentre os escritos de Jung. Há seis capítulos em *Mysterium*: 1) Os Componentes da *Coniunctio* (união); 2) Os *Paradoxa*; 3) As Personificações dos Opostos; 4) *Rex* e *Regina*; 5) Adão e Eva; 6) A Conjunção.

Para resumi-los brevemente: o Capítulo 1 prepara o palco. Aqui, Jung dispõe os componentes em inúmeros "pares de opostos" com os quais lida a alquimia: úmido-seco, céu-terra, fogo-água, ativo-passivo, espírito-matéria, masculino-feminino etc. Há muitas imagens e conceitos para esse fenômeno que congrega oposição e união, e Jung afirma que a união é algumas vezes simbolizada por uma quaternidade composta por dois pares de opostos. Entretanto, na maioria

---

24 Tradução para o inglês gentilmente oferecida por Paul Bishop.

das vezes, o *Mysterium Coniunctionis* tem no elenco duas figuras, um par masculino-feminino. A história de sua união é um drama que inclui nessa *coniunctio* o evento arquetípico de morte e renascimento. Jung escreve que "a tarefa moral da alquimia é a de colocar em concordância com o princípio do espírito aquela última camada profunda da alma masculina, revolvida pelas paixões, a qual é de natureza feminino-maternal – na verdade, uma tarefa hercúlea!"[25] Para a psique feminina, ela poderia ser considerada "na verdade, uma tarefa de Psiquê", como na história de Eros e Psiquê contada por Apuleio em *O Asno de Ouro* e interpretada por Erich Neumann.

O Capítulo 2 apresenta a ideia de "paradoxo" como tema central da alquimia. Trata-se de conceitos e imagens, muitas vezes bizarros, da união de opostos. Um exemplo é o Rebis bicéfalo. O andrógino é uma das imagens favoritas. Os paradoxos tentam combinar os opostos de modo a sugerir uma unidade oculta e subjacente, como afirma esta citação alquímica mencionada por Jung: "Por que falais da matéria múltipla? Uma só é a substância do natural, e dotado de uma só natureza é aquilo que vence o todo".[26] Em relação à personalidade humana, essa unidade subjacente é o *self*. Portanto, as definições do *self* devem ser paradoxais, pois a personalidade é composta por uma série de pares de opostos: *persona*/sombra, *anima*/*animus*, temporal/atemporal etc.

---

25 C. G. Jung. *Mysterium Coniunctionis*, § 35.
26 *Ibid.*, § 36.

Os Capítulos 3, 4 e 5 consistem em uma discussão detalhada de símbolos masculinos e femininos (Sol e Lua, Rei e Rainha, Adão e Eva) e suas transformações à parte. As transformações se referem basicamente aos processos que provocam mudanças fundamentais na consciência individual e coletiva (Sol, Rei, Adão) e no inconsciente (Lua, Rainha, Eva). Tais transformações são preparatórias para as possibilidades de unificação que virão em seguida.

O Capítulo 6 conclui o livro e, por ser o mais direto, é o mais fácil de compreender. Nele, Jung apresenta uma interpretação psicológica da fórmula do alquimista Gerhard Dorn para um processo de três estágios que transforma a consciência e a leva a uma dimensão que a tudo abarca. Adiante, discutirei mais detalhadamente essa questão.

A razão pela qual os opostos constituem tamanho problema psicológico é o fato de refletirem a psique dividida. Essa cisão da psique é resultado de um processo normal de diferenciação que ocorre no curso do desenvolvimento psicológico individual e coletivo. Ele provém do nascimento e crescimento da consciência do ego dentro do *self* natal original. Além disso, a consciência do ego é, por sua própria natureza, uma função separadora e diferenciadora da personalidade humana. Sem seu funcionamento contínuo, os seres humanos não seriam os indivíduos conscientes que são. Grande parte da primeira metade da vida é dedicada a este desenvolvimento: separação/diferenciação entre o ego e o inconsciente e entre o indivíduo e o ambiente físico e social. Essa criação de um senso próprio de individualidade (reconhecimento do ego) e de identidade (*persona*) é a meta da individuação na primeira metade da vida. A partir daí, o indivíduo pode participar da sociedade como membro autoconsciente e responsável da coletividade.

Mas esse desenvolvimento é como uma faca de dois gumes: por um lado, traz grandes benefícios; por outro, cria enormes problemas, como conflito entre o indivíduo e os demais, neurose decorrente da repressão e da unilateralidade, sensação de isolamento. Os opostos, que são gerados com base em uma matriz pré-consciente do *self* original, introduzem conflitos. Isso ocorre no plano individual e no plano cultural. A unidade inconsciente original se rompe numa divisão, que é então direcionada para uma unidade retomada, só que agora mais consciente.

Em *Mysterium,* Jung trabalha com "opostos" provenientes da alquimia que consistem, basicamente, em pares de masculino/feminino – Sol/Lua, Rei/Rainha e Adão/Eva (Capítulos 3, 4, 5) – cuja união é simbolizada em imagens como o Rebis andrógino. Jung costuma citar o axioma de Maria, a Profetisa, como resumo do processo: "Do um, vem o dois; do dois, vem o três e do três, vem o um como o quarto".

Na psicologia, observamos esse processo no curso do desenvolvimento à medida que uma parte do *self* original se rompe e se torna uma identidade pessoal centrada na consciência do ego. As características da personalidade que ficam fora dessa identidade formam uma identidade-sombra feita de pedaços rejeitados do *self* (o vergonhoso ou "mau") e da parte referente ao gênero da sizígia original (unidade *animus/anima*) que ficaram fora da identidade consciente. A identidade individual depende desse desenvolvimento. Então, na segunda metade da vida, o problema passa a ser como reunir as partes separadas do *self*. Como isso pode acontecer é uma questão fundamental abordada em *Mysterium*. A questão é reunir o *self* dividido.

Outra parte da divisão que se abre na psique se dá entre o corpo instintual e o espírito idealista. Freud escreveu a respeito dessa divisão como um conflito entre o *id* e o superego e atribuiu o mal-estar crônico do ser civilizado a esse dilema em *Civilização em Transição*. Jung tem outra visão, mais otimista, desse conflito entre instinto e espírito e o vê como solúvel, porém também o reconhece como fundamental. Ambos os lados da divisão precisam ser transformados para que uma união duradoura possa acontecer. Esse processo de transformação é analisado nos Capítulos 3, 4 e 5 de *Mysterium*.

No Capítulo 3, os principais atores são Sol e Lua, o primeiro representando as estruturas espirituais/culturais da psique (consciência solar) e o segundo, os ciclos e ritmos do inconsciente somático (consciência lunar). Grande parte desse capítulo se debruça sobre as transformações do reino lunar (*anima*). O Capítulo 4 apresenta as figuras do Rei e da Rainha, um par social de opostos entre as imagens arquetípicas do inconsciente coletivo. Aqui, o foco principal recai na transformação do masculino/patriarcal que prevalece na consciência (*animus*), tendo o feminino/matriarcal (*anima*) em posição secundária. No Capítulo 5, o argumento é que

Adão representa o Anthropos original (a totalidade do *self*) que cai em divisão, o que resulta na constelação do par Adão (a consciência do ego) e Eva (o inconsciente). O aspecto feminino/inconsciente (*anima*, instinto), representado por Eva e sua substituta, a sulamita morena, é submetido a um intenso processo de purificação e transformação pelo qual ela é preparada para a união com o parceiro masculino igualmente transformado, o que traz à existência Adām Kadmōn, uma representação do *self* original agora como renascido.

O título de *Mysterium Coniunctionis*

O título do livro, *Mysterium Coniunctionis*, deve ser considerado com certo vagar. Como vimos, a palavra *mysterium* se refere a ritos e rituais secretos e a elementos sacramentais de práticas religiosas. Portanto, há uma referência forte e direta ao religioso já no título do livro. Assim, o título sugere que Jung vai falar sobre mistérios que invocam os poderes do Divino e atraem a presença do(s) Ser(es) transcendente(s) ao reino humano. O termo *mysterium* implica atividades de um poder invisível que, embora não possam ser plenamente apreendidas pela cognição humana, podem ser vivenciadas, mais obviamente em contextos religiosos. Experiências numinosas semelhantes às descritas em textos religiosos também podem ocorrer em momentos privados da vida do indivíduo; não ocorrem apenas em ambientes coletivos. *Mysterium* é uma palavra usada por Rudolf Otto para falar do *numinosum* em sua famosa obra *The Idea of the*

Holy: trata-se, em suas próprias palavras, de um *mysterium tremendum et fascinans*.

Graças a essa rede de associações à palavra *mysterium*, Jung considerou necessário explicar seu uso da linguagem religiosa em uma Nota Editorial à segunda edição de *Mysterium*:

> [...] se faço uso de certas expressões que evocam a linguagem da teologia, isso se deve unicamente à pobreza da linguagem, e não porque acredite que o tema da teologia seja o mesmo que o da psicologia. A psicologia certamente não é uma teologia; é uma ciência natural que busca descrever fenômenos psíquicos experimentáveis. Ao fazê-lo, ela leva em conta o modo como a teologia os concebe e nomeia, pois isso se coaduna com a fenomenologia dos conteúdos em discussão.[27]

Conforme explica o próprio Jung, nesta obra ele recorre à linguagem e aos conceitos da teologia para um relato do material que deseja discutir de modo científico, ou seja, psicologicamente. Embora não queira ser tomado por teólogo, usará a teologia para suas investigações psicológicas. A psicologia abordará "os mistérios" como fenômenos vividos, não como revelações de verdades metafísicas eternas. A experiência do *numinosum* significa, para Jung, uma experiência das camadas arquetípicas do inconsciente. A linha entre

---

27 *Ibid.*

o psicológico e o teológico é muito tênue, e às vezes Jung parecerá cruzá-la inadvertidamente quando explica material simbólico de sonhos, visões e textos alquímicos.

Há também o importante elemento do sigilo nas conotações que cercam a palavra *mysterium*. A palavra latina é derivada do grego *mystērion*, que significa rito ou doutrina secreta (conhecida e praticada apenas por certos iniciados), que consiste em purificações, oferendas de sacrifício, procissões, cantos etc. Essa é uma referência a cultos de mistérios famosos da Antiguidade, como os Mistérios de Elêusis e os Mistérios de Ísis, cujos ritos serviam como meio de iniciação ao culto. O sigilo era visto como necessário para a efetiva transmissão aos participantes das energias espirituais invocadas nos ritos e rituais. Aquele "que havia sido iniciado" era chamado de *mystēs*. A iniciação implica a transformação da identidade que é sofrida pelos iniciados à medida que passam de candidatos a graduados. Hoje podemos ouvir um eco dessa prática em nossas cerimônias de admissão e formatura em escolas e universidades. Poderíamos chamar alguém que tem um mestrado de *mystēs*, de iniciado.

O mais interessante e intimamente associado à importância do sigilo é que a palavra *mysterion* deriva da base grega *myein*, "fechar", que talvez se refira a fechar os lábios em segredo ou a fechar os olhos em preparação para a revelação que ocorreria em decorrência dos ritos. Na base das etimologias, muitas vezes nos deparamos com algo muito simples e, como costumamos dizer, arquetípico. Nos Mistérios, vemos que a ênfase recai no silêncio, no segredo e no isolamento do mundo em um espaço sagrado, tipicamente uma estrutura semelhante a uma caverna que simbolizava o útero.

Na posição mais importante do livro (o título), a palavra *Mysterium* nos dá claramente a notícia de que estamos prestes a entrar na discussão de algo secreto, sagrado, que toca nas forças arquetípicas da transformação psicológica e espiritual.

Assim como a primeira parte do título do livro, a segunda parte, *Coniunctionis*, é de fundamental importância para a compreensão do significado da obra. Em latim, significa simplesmente "vínculo" ou "união". Na química, indicaria a união de dois elementos para criar um composto. Jung afirma no início do primeiro capítulo de *Mysterium*: "Os fatores que se unem na *coniunctio* são concebidos como opostos que ou se confrontam em inimizade ou se atraem um ao outro no amor".[28] E, em uma nota de rodapé, ele cita um texto do alquimista George Ripley: "A *coniunctio* é a combinação de qualidades distintas ou uma equalização de princípios".[29]

Como predecessora da química, a alquimia trabalhava com materiais considerados básicos, como os elementos da química moderna. Os quatro elementos básicos eram o Ar, o Fogo, a Água e a Terra. Havia também os três elementos químicos: Sal, Enxofre e Mercúrio. Os materiais para os experimentos eram coletados com base em receitas secretas e, quando juntados, a mistura – chamada *prima materia* – era colocada em um recipiente adequado para processamento,

---

28 C. G. Jung. *Mysterium Coniunctionis*, § 1.

29 *Ibid.*, nota 1. Excerto de *Theatrum chemicum*, II, p. 128.

em geral um vaso ou um frasco. O Adepto então aplicava alguns métodos alquímicos secretos à *massa confusa* presente no vaso, a fim de separar a mistura em pares de opostos. Esses pares deveriam unir-se uns aos outros e unir-se também a outro par, formando uma quaternidade, a partir da qual seriam criados novos compostos.

O processo começava com matérias-primas e passava por uma série de operações (*calcinatio, solutio, coagulatio, sublimatio, mortificatio, separatio, coniunctio*) e, ao fim, o resultado seria algo novo que não se encontrava na natureza: uma criação nova. Esse processo, visto como uma transformação dos materiais de base inicialmente reunidos no produto nobre da conclusão, era considerado misterioso porque ainda não havia ciência que explicasse sua base material. Nesse processo, os alquimistas projetaram uma grande variedade de imagens e significados. Foi o gênio de Jung o responsável por aplicar a compreensão psicológica aos processos projetivos e entender o *opus* alquímico como símbolo do processo de individuação.

De acordo com a interpretação junguiana da imaginação alquímica, os opostos que os alquimistas procuravam unir no nível material representavam características da psique: *anima, animus,* sombra etc. Sua união, ou integração, é a meta da individuação na teoria de Jung.

Como todo *opus* depende da *coniunctio*, uma pergunta importante seria: o que pode motivar a união dos opostos? O "fator de transformação" mágico do processo de unificação na alquimia era o mercúrio, simbolizado pela figura de Mercúrio.

Mercúrio era o meio, ou banho, no qual ocorria a conjunção dos opostos, representados pelo enxofre (o masculino) e pelo sal (o feminino). Como uma figura andrógina que combina em si mesma os opostos, Mercúrio era o catalisador do processo. Sem esse fator de união, os opostos não chegariam ao ponto de interagir uns com os outros. No léxico alquímico, Mercúrio era definido como o princípio e o fim do processo, e mesmo como o próprio processo. Pelo fato de ser representado em imagem como andrógino, sua figura congrega ambos os opostos, e é por isso que ele consegue reuni-los. Ele é como um modelo, um símbolo da conjunção dos opostos.

Mercúrio poderia ser comparado à força da gravidade na natureza: ele consegue atrair para si os elementos opostos e mantê-los onde devem ficar. Misteriosamente, também, dilui seu antagonismo, como um diplomata que acalma os ânimos de partidos políticos opostos e cria as condições para a existência de um diálogo. Sem a força da gravidade, o Universo simplesmente se dispersaria e desapareceria no espaço vazio. Em termos psicológicos, Mercúrio representa o poder que tem o *self* de manter os pedaços psíquicos onde devem ficar à medida que vão evoluindo, para colocá-los em relação uns com os outros e para garantir suas posições em uma estrutura de totalidade. Na cabala, o poder responsável pela estrutura de equilíbrio entre as dez *Sephiroth* ("emanações" ou "opostos") representadas na Árvore Cabalística da Vida é o *Ain Soph*, o Infinito. Interpretado do ponto de vista psicológico, o *Ain Soph* é o *self*. Jung discute a Cabala e as *Sephiroth* no Capítulo 5 de *Mysterium*.

Em psicologia, o processo de reconciliação entre os diversos pares de opostos – mais notavelmente entre os pares *animus-anima* e *persona*-sombra – é concebido como um extenso processo de integração pelo qual a consciência do ego é aliviada de seu apego a um lado da oposição, e o inconsciente é igualmente liberado de sua dominação pelo outro lado. Assim, podem tornar-se uma totalidade estruturada sob os auspícios do *self* e, ao mesmo tempo, ainda têm espaço para que as partes permaneçam distintas e não se fundam em apenas uma entidade homogênea, uma espécie de "buraco negro" onde a gravidade seja tão forte que nem mesmo os fótons (luz) escapem. O objetivo é levar os opostos a manter uma relação delicada e contínua um com o outro; não eliminar um em favor do outro. Como o Rebis, a Árvore da Vida simboliza isso: as duas colunas à direita e à esquerda da Árvore representam o Juízo e a Misericórdia, enquanto as duas cabeças da figura do Rebis representam *animus* e *anima* em um só corpo.

Mercúrio é uma figura misteriosa na alquimia, um mágico. Em um dos escritos alquímicos mais fascinantes de Jung, "O Espírito Mercúrio", ele interpreta Mercúrio como "o espírito do inconsciente" que, em nome do self, orienta o processo de individuação em seu sinuoso caminho em direção à meta da integração psicológica e da totalidade. Foi a ação desse "espírito" misterioso, magnético e mágico o que Jung detectou em seu próprio processo de individuação (no "espírito das profundezas" em *Liber Novus*), assim como no material psicológico de seus pacientes à medida que estes evoluíam no processo analítico.

Em *Mysterium,* Jung escreve que Mercúrio "*é* este casamento em virtude de seu aspecto andrógino".[30] Como o Espírito Santo na teologia cristã, que une a Trindade Divina em uma unidade estável, Mercúrio leva os muitos "opostos" do *self* a um estado de unidade multifacetada. É do gênio de Mercúrio evitar que os muitos desapareçam em uma singularidade e promover a manutenção de suas qualidades e facetas características, semelhantes a diamantes, ao tempo em que se juntam à estrutura de totalidade da mandala. Assim, o espaço para a diversidade é preservado, e a unidade é alcançada.

Eis a resposta ao dilema "do Um ou dos Muitos", dilema que tem sido discutido com frequência entre os autores junguianos: a personalidade é múltipla e muitas, ou é uma? Politeísmo ou monoteísmo? A resposta é: "ambos" – diversidade na unidade; unidade na diversidade. Dada a complexidade da personalidade humana, essa é a única meta realista e sustentável para a individuação. E essa é a implicação líquida da *Coniunctionis* presente no título do texto: é "unidade", mas não nega nem elimina a diversidade e a diferenciação.

---

30 C. G. Jung. *Mysterium Coniunctionis*, § 12.

A conjunção

Unio Naturalis

O sexto e último capítulos de *Mysterium Coniunctionis* fornece algumas informações práticas sobre os estágios da individuação que dizem respeito à união e não à separação. Jung baseia-se nos escritos de Gerhardt Dorn, sem dúvida seu autor alquímico favorito, para descrever três estágios de *coniunctio*: 1) a *unio mentalis*, que consiste na união de alma e espírito, 2) a união da *unio mentalis* com o corpo, que fora deixado para trás no estágio precedente, e 3) a união com *unus mundus*.

O modelo de Dorn começa com um estado inicial em que alma e corpo se fundem, chamado *unio naturalis*, que fala de uma vida natural e instintiva no corpo.

Em determinado momento, instiga-se uma mudança e a *unio naturalis* sofre um processo de separação (*separatio*) entre alma e corpo. Trata-se de uma espécie de despertar. A consciência faz um balanço da situação e introduz uma diferenciação entre os desejos do corpo e os pensamentos da alma. Segue-se um período de liminaridade em que a alma se dirige ao espírito e a ele se une. Desenvolve-se um novo tipo de consciência e identidade que já não se baseia em identificações entre ego e corpo nem entre ego e *persona*. Assim, conclui-se o primeiro estágio do modelo de transformação de Dorn. Ele denomina o resultado de *unio mentalis*.

Unio Mentalis

De acordo com Jung, o termo *unio mentalis* descreve um estado mental psicologicamente consciente que já não é dominado por necessidades somáticas, impulsos instintivos nem demandas de aprovação social da *persona*. Um novo tipo de liberdade individual e orientação interior é alcançado nesta fase da individuação. Para atingir esse estado de união entre alma e espírito, o "corpo" foi relegado a uma espécie de estado de animação suspensa. Ele continua a existir, porém está imerso em um sono mortal. Em outras palavras, o que o corpo representa já não é determinante no estado mental. O cognitivo (*mentalis*) supera o somático-emocional neste nível de desenvolvimento.

Ao estágio da *unio mentalis* sobrevém o segundo estágio da conjunção, que consiste em uma reunião com o corpo.

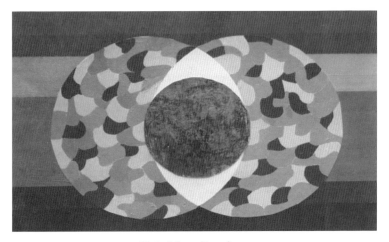

Unio Mentalis et Soma

O que fora abandonado como fator determinante agora é retomado, reanimado e incumbido de uma nova missão. O corpo deixa de prevalecer sobre o ego: em vez disso, ego e corpo agora se colocam a serviço da *unio mentalis*. O que se desenvolve neste estágio é uma atitude prática, moralmente esclarecida e engajada em relação à vida neste mundo. Não diz respeito a outro mundo, pois se fundamenta no mundo da existência social e material. O corpo passou ao estado mais consciente da *unio mentalis* e agora se inclui em seus propósitos e atividades.

Por fim, há uma terceira *coniunctio* com o que os escritores medievais chamaram de *unus mundus*.

Unus Mundus

Unus mundus significa "mundo uno". O termo se refere a uma percepção medieval comum de que tudo o que existe insere-se no interior de uma única realidade unificada à qual pertence. É o alfa e o ômega da existência: a origem e a realidade subjacente. Na psicologia junguiana, corresponderia ao inconsciente coletivo cujo centro e circunferência é o *self*. Na filosofia escolástica, era creditado ao espírito de Deus. Em outras palavras, é o Espírito Santo, isto é, o espírito do

Amor. O resultado da união da identidade pessoal a essa realidade transcendente última é uma vida espiritual igualmente abrangente. Nesse resultado final das três conjunções de Dorn, todos os opostos estão unidos em uma totalidade de dimensões imanentes (o corpo) e transcendentes (a alma e o espírito).

Além disso, a consciência do ego do indivíduo é preservada dentro dessa matriz (ou "campo") de plenitude transpessoal, de modo que tanto a diversidade (isto é, a individualidade) quanto a unidade (isto é, a totalidade) se mantêm. O modelo não é individualista nem totalitário: é um *Mysterium Coniunctionis* de pluralismo e unidade, o muitos e o único.

Os três estágios da individuação representam um movimento progressivo em direção a uma consciência cada vez maior. E esse movimento induz a consciência do ego em direção a uma constatação da profunda interligação entre o interior e o exterior. O "todo" abarca o indivíduo e tudo o que existe – comunidade local e mundial, ambiente global, cosmos. Esse desenvolvimento final da consciência naturalmente pressupõe as profundas transformações descritas nos capítulos anteriores de *Mysterium*. Para a meta da individuação, não existem descontos.

Essa descrição da individuação em três estágios é um processo voltado para a plenitude suprema que oferece um modelo prático para a reflexão sobre o desenvolvimento em direção à consciência que pode ser observado na análise. À medida que o sujeito se põe em confronto constante com a sombra e se envolve com as figuras do inconsciente coletivo na imaginação ativa, emerge o senso de um mundo interior que inclui o ego, porém não o coloca no centro. O ego é relativizado à medida que o *Self* entra em cena e mostra sua centralidade. A experiência expressa por Dante em *Paraíso* é uma versão religiosa lindamente declarada dessa visão psicológica. O Canto final de *A Divina Comédia* é uma epifania religiosa que promove no autor sua transformação mais profunda:

> Mas já então, Deus dominava minha vontade,
> fazendo-a conforme ao seu Amor, qual roda
> obediente ao mando do motor – Amor que
> move o Sol e as mais estrelas.[31]

Conclusão

A mensagem que se destila de *Mysterium Coniunctionis* poderia ser declarada na forma de promessa: a plenitude custa caro. Porém, por mais que possa sofrer por ela, você será recompensado. Nenhum sofrimento em nome da plenitude ficará sem recompensa. E essa recompensa é multíplice: conhecimento do mundo interior, pessoal e coletivo; um senso do mistério do *Self* em suas dimensões pessoais e impessoais; o estabelecimento de um sentido estável de unidade no seio da diversidade; uma visão de propósito e finalidade na vida; a aquisição da perspectiva de si e do outro sem julgamentos e, apesar disso, com percepção diferenciada dos positivos e ne-

---

31 Dante. *A Divina Comédia: Paraíso* XXXIII: 143-146, p. 331.

gativos que se incluem na mandala da totalidade. Poderíamos acrescentar ainda mais características, mas a ideia geral é: a personalidade, que estava dividida, dispersa e em boa parte inconsciente, torna-se inteira e, agora, muito mais consciente. A união é necessariamente misteriosa, mas tangível na forma de imagens do *self* e de um estado estável da consciência que abraça os opostos na máxima medida possível.

Esse caminho não oferece perfeição, mas sim plenitude. Penso que se pode concluir, com um mínimo de qualificação, que esse era o maior objetivo de Jung para sua própria vida e para a vida de quem lê suas obras, se envolve na análise e busca com seriedade a individuação. *Mysterium Coniunctionis*, seu último livro, diz tudo.

"Individuação" e/*versus* "Iluminação"

O processo de individuação descrito por C. G. Jung e as práticas espirituais do Oriente, retratadas em textos como *O Segredo da Flor de Ouro*, da alquimia chinesa, e *Ten Ox-Herding Pictures* (*Ten Bulls*), uma série de dez desenhos e poemas breves usada na tradição zen-budista, compartilham de um objetivo comum: a transformação da consciência. Com isso implica-se, para começar, a transformação da sensualidade e do egoísmo puro e brutal em um estado de consciência que transcende tais desejos humanos básicos (e normais) e alcança uma visão mais ampla do sentido da vida. Em um nível mais avançado e profundo, a transformação da consciência diz respeito à superação dos padrões habituais de pensamento que se cristalizam na rotina e na repetição, no condicionamento da cultura coletiva dominante e nas formações psicológicas defensivas criadas por experiências traumáticas de vida. Tanto a compreensão que tinha Jung do processo de individuação quanto as práticas espirituais do Oriente têm como meta de desenvolvimento transformar a consciência ao longo dessas linhas básicas. Sem dúvida, há diferenças na prática e nos termos usados para descrever como se desenrola o processo de transformação, mas o objetivo é semelhante, se não idêntico. A proposta deste artigo é acentuar mais as semelhanças que as diferenças, tendo em mente os contextos culturais bastante distintos dos quais provêm essas duas visões. Na minha opinião, elas convergem cada vez mais à medida que vai tomando forma uma cultura global. Os resultados da psicanálise junguiana avançada se assemelham mais e mais às conquistas psicológicas avançadas das práticas espirituais orientais e vice-versa.

Desde o início do século XIX, e com profundidade e intensidade cada vez maiores no final do século XX e no século XXI, tem havido no Ocidente um interesse considerável pelas práticas e disciplinas espirituais do Oriente no intuito de estabelecer comparações entre Oriente e Ocidente no que diz respeito às possibilidades de desenvolvimento psicológico e espiritual avançado. Muitas pessoas leram traduções dos clássicos espirituais do Oriente e, mais que isso, muitos também aprenderam as práticas do yoga e da meditação. O próprio Jung estava profundamente envolvido nesse estudo e, embora citasse com frequência diferenças importantes, ele também procurava semelhanças com base em fatores arquetípicos da psique. Com efeito, foram essas semelhanças entre a individuação, tal como a via em si mesmo e em seus pacientes, e o que descobriu no texto alquímico chinês *O Segredo da Flor de Ouro,* a ele enviado traduzido para o alemão por seu amigo

Richard Wilhelm, que o levaram a concluir que existe uma base arquetípica no processo de individuação. "Devorei imediatamente o manuscrito, pois o texto deu-me uma confirmação com a qual não havia sonhado no tocante às minhas reflexões sobre a mandala e a deambulação em torno do centro. Esse foi o primeiro acontecimento que rompeu minha solidão, pois tomei consciência de uma afinidade; eu poderia estabelecer laços com algo e com alguém", escreveu ele.[32] De seu brilhante comentário sobre o texto chinês, recebemos a nítida mensagem de que há semelhanças subjacentes importantes e essenciais entre as antigas práticas espirituais chinesas e o processo de individuação.

No entanto, uma questão que deve ser considerada é a seguinte: a individuação pressupõe a singularidade e a originalidade de cada ser humano (como indivíduo) e promove a autorrealização de cada um como meta do desenvolvimento psicológico. Isso não é exatamente o contrário e o oposto do projeto oriental de alcançar a iluminação (chinês "wu" e japonês "satori"), que visa a destruir a singularidade e a individualidade (ego) em favor da "unidade de tudo" ou da "natureza búdica" e da consciência do "vazio"? Como é possível conciliar esses dois projetos? Ou não se pode conciliá-los? De um lado, a ênfase do Ocidente no ego à parte e individual; do outro, a ênfase do Oriente no não ego e na unidade: serão elas inconciliáveis? Acredito que não, e isso se deve à compreensão junguiana da individuação à medida que esta se desenrola

---

32   C. G. Jung. *Memories Dreams, Reflections*, p. 197.

em seus estágios mais avançados. A explicação de Jung torna possível reduzir, se não fechar completamente, a lacuna entre a Iluminação, conforme a buscam os praticantes dos métodos das tradições espirituais do Oriente, e a individuação, conforme a veem os que buscam o caminho do desenvolvimento psicológico usando os métodos da psicologia junguiana.

Para defender esse argumento, chamo a atenção para três estágios avançados do processo de individuação descrito por Jung em sua última obra, *Mysterium Coniunctionis*. Ali, Jung se volta para as transformações alquímicas descritas por Gerhard Dorn, médico, filósofo e alquimista do século XVI, as quais podemos resumir da seguinte maneira:

1. A árdua obtenção, mediante disciplina mental, do autoconhecimento, que é chamado *unio mentalis* nos escritos de Dorn.

2. A manifestação desse estado obtido de consciência transformada na forma de ação no mundo.

3. A conexão da consciência individual ao *unus mundus*, produzindo assim uma consciência não dualista da interconexão de todos os seres existentes.

Jung discute esses três estágios da individuação no último capítulo de *Mysterium*, "A Conjunção". Cada um desses estágios ressoa significativamente com os estágios do caminho da Iluminação de acordo com sua descrição na série *Ten Ox-Herding Pictures* do budismo chan e do zen-budismo.

Estágio 1 – Da *unio naturalis* à conquista da *unio mentalis*

A primeira tarefa enfrentada no desafio da individuação é alcançar um estado de consciência unificada. Acompanhando Dorn, Jung a chama de *unio mentalis* ("união da mente", em latim). Como veremos, não se trata de uma questão simples, mas sim de algo que tem muitos níveis.

A vida psicológica começa como uma espécie de arquipélago, uma dispersão de massas de terra relativamente sólidas de consciência em um mar de fluidez psíquica. Desses pedaços de consciência, por fim emerge uma entidade dominante, a qual chamamos de ego, um centro da consciência que responde a um nome, e os demais pedaços estabelecem vínculos mais ou menos estáveis com ele e se associam como lembranças e fantasias anexas. Essa é a primeira tentativa de *unio mentalis*. No decorrer da infância e da adolescência, esse "eu" atinge uma identidade mais extensa por meio de um processo de projeção e introjeção, desenvolvimento que Michael Fordham discute como ciclos de desintegração e integração.[33] A identidade que se forma e se desenvolve nessa fase inicial é composta por pedaços de material familiar e ancestral, influências e padrões culturais e pedaços inerentes ao *self* (a contribuição intrapsíquica). Porém essa unidade é frágil e propensa a colapsar (dissociar-se) sob estresse e pressão, regredindo a anteriores estados de identidade da infância e sujeitando-se à influência maciça de emoções geradas por complexos inconscientes que, muitas vezes, são criados por dissociações e traumas reprimidos. Além disso,

---

33 M. Fordham. *Explorations into the Self,* Parte I: 3.

é uma identidade que está amplamente incutida no corpo e a este associada, uma identidade entre mente e corpo. Embora os jovens possam sentir-se indivíduos, na verdade não o são em nenhum grau significativo. Essa identidade jovem, ainda pouco amadurecida e baseada no ego é mais ou menos a representante típica de um padrão coletivo estabelecido na cultura predominante, que abarca família, grupos de pares e sociedade. É um estado que Dorn chamou de *unio naturalis*, uma união natural entre psique e corpo.

A individuação, no sentido que Jung atribuía ao termo (a conquista da singularidade, do autoconhecimento e da plena realização dos potenciais interiores), não pode efetivamente começar enquanto não ocorrer uma severa redução dessa primeira unidade, ou seja, enquanto esse conglomerado de pedaços acumulados de material psíquico não se tiver desmontado e o centro da consciência, o núcleo mais íntimo da consciência do ego, não se tiver libertado de contaminações exteriores. Esse processo de análise e separação é o precursor e o pressuposto da obtenção da *unio mentalis* na fase seguinte. Em *Jung e o Caminho da Individuação*, eu o discuto como o "movimento de separação" dentro do processo geral da individuação. O outro grande movimento da individuação é a "integração", a qual, como veremos, ocorre depois que a separação está em andamento ou foi concluída e que a *unio mentalis* pode ser alcançada.

Para a psicologia analítica, o método que nos permite alcançar o estágio de *unio mentalis* é a análise de complexos, projeções, defesas e sonhos. Seu objetivo é limpar tudo aquilo que dificulta o acesso à consciência purificada, isto é, atingir um estado de consciência do ego que não seja distorcido por complexos, projeções, desejos, medos, vieses culturais nem condicionamentos culturais. Em suma, como afirma Jung: "[...] a chegada da personalidade do ego a um acordo com sua própria origem, a sombra, corresponde à união entre espírito e alma na *unio mentalis* [...]".[34] Trata-se de um trabalho lento que muitas vezes demora bastante tempo a ser alcançado. É semelhante ao que a meditação busca alcançar no budismo chan, por exemplo. Há um trecho em "Master Hsu Yun's Discourses and Dharma Words", que Jung estava lendo em seus últimos dias (*Ch'an and Zen Teaching: First Series* era o livro que estava em sua mesa de cabeceira quando ele morreu), que diz o seguinte:

> "[...] quando o sol nasce e sua luz penetra (na casa) por alguma abertura, a poeira é vista em movimento graças ao raio de sol, ao passo que o espaço vazio está imóvel. Portanto, o que está parado é vacuidade e o que se move é pó". O pó (estranho) ilustra o falso pensamento e a vacuidade ilustra a natureza intrínseca. [...] Isso serve para ilustrar a eterna natureza intrínseca (imóvel), que não acompanha o falso pensamento em sua súbita ascensão e queda.[35]

Na mesma linha, Jung escreve a respeito da *unio mentalis*: "O objetivo declarado do tratamento é estabelecer uma posição

---

34   C. G. Jung. *Mysterium Coniunctionis*, CW 14, § 707.
35   C. Luk (org. e trad.). *Ch'an and Zen Teaching*, p. 36.

psíquica racional e espiritual contra a turbulência das emoções".[36] Na metáfora alquímica, trata-se de separar a alma (simbolizada pela água) do corpo (simbolizado pela matéria sólida) e uni-la ao espírito (simbolizado pelo ar). Isso se consegue fervendo a água da *prima materia* no frasco, permitindo que a umidade suba como vapor e se condense no topo, com as gotículas representando a união da alma e do espírito.

Na série de imagens zen-budistas *Ten Ox-Herding Pictures*, esse estágio de consciência é inicialmente representado no Desenho 6, "Ridign the Ox Home" ["Montado no Touro de Volta para Casa"].[37]

---
36 C. G. Jung. *Mysterium Coniunctionis*, § 696.
37 Desenhos extraídos de: https://upload.wikimedia.org/wikipedia/commons/3/3f/Oxherding_pictures%2C_No._6.jpg.

Essa imagem, que é a culminância da busca, recuperação e doma do Touro, representadas nos Desenhos 1-5, simboliza um estado de harmonia entre consciente e inconsciente e prepara o terreno para os eventos retratados nos Desenhos 7-10.

No zen-budismo, o Touro simboliza muito mais que apenas o reino dos instintos, como erroneamente podemos interpretá-lo. Ele é também um símbolo da "natureza intrínseca", para usarmos o termo do Mestre Hsu Yun em *Discourses*. Encontrá-lo e colocá-lo em relação com a consciência é uma tremenda conquista, porém ainda não é a *unio mentalis* em seu pleno sentido.

Da mesma maneira, na compreensão junguiana do inconsciente, a sombra é a porta para camadas mais profundas que, em última análise, incluem o *self* transcendente. A conquista da *unio mentalis* é mais que a obtenção do controle racional sobre as emoções. É autoconhecimento no sentido profundo da palavra: "A *unio mentalis* [...] significa conhecimento de si mesmo. [...] Os alquimistas consideravam o *self* uma substância incomensurável com o ego, escondida no corpo e idêntica à imagem de Deus. [...] A preparação psíquica [da *unio mentalis*] é, portanto, a tentativa [...] de promover uma união de opostos de acordo com as grandes filosofias orientais e de estabelecer, para esse fim, um princípio livre dos opostos e semelhante ao *atman* ou *tao* [que] hoje descreveríamos como um princípio transcendental. Esse *unum*, como o *atman* (*self*), é *nirdvandva* (livre dos opostos)".[387] Aqui vemos

---

38 *Ibid.*, § 711.

Jung colocando explicitamente o processo de individuação em contato com a religião e a filosofia orientais.

O *Liber Novus* de Jung é uma história de investigação de fantasias arquetípicas e de desidentificação com essas fantasias, um passo além na obtenção da *unio mentalis*. Nos Desenhos 7, 8 e 9 da série *Ten Ox-Herding Pictures*, vemos claramente representado o processo de limpeza das "portas da percepção" e a chegada a um estado de autoconhecimento profundo do tipo descrito por Jung em sua discussão da *unio mentalis*. O Desenho 7 mostra o homem que contempla com serenidade a paisagem que tem no horizonte a Lua e uma montanha.

Complexos e projeções já não lhe perturbam a consciência. Ele está simplesmente "vendo". O Desenho 8 mostra o Ensō, símbolo do Vazio, ou a experiência da pura "natureza intrínseca", conforme a chama o Mestre Hsu Yun.

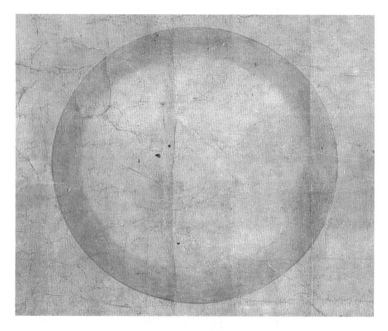

Trata-se de um avanço: a saída do ego para a percepção do *Self*. Jung o representaria em suas pinturas de mandala em *Liber Novus*. Não há "pessoa" no desenho, apenas a mandala, que é um símbolo de plenitude. O texto dessa imagem é:

> Chicote, corda, touro e homem: todos pertencem ao Vazio.
> Tão vasto e infinito é o céu azul que conceito algum, de qualquer que seja o tipo, pode alcançá-lo.

Sobre uma fogueira escaldante, um floco de neve não sobrevive.

Quando esse estado de ânimo é percebido, por fim vem a compreensão do espírito dos antigos patriarcas.

E no Desenho 9, "Returning to the Source" ["De Volta à Fonte"], vemos as raízes de uma velha árvore expostas à consciência.

Essa imagem mostra um estado de consciência de fontes arquetípicas além da história pessoal do desenvolvimento do ego: "o espírito dos antigos patriarcas". Até as raízes mais profundas da psique estão expostas à percepção da consciência. Ela equivale à iluminação suprema. Essa é também a meta do processo analítico, que é dedicada se à obtenção do autoconhecimento por meio da separação de todas as identificações e entrelaçamentos com conteúdos inconscientes. Embora raramente alcançada, trata-se de uma meta sempre tida em mente como a suprema realização da *unio mentalis*.

Estágio 2 – Unir a *unio mentalis* ao corpo

Como podemos ver na série *Ten Ox-Herding Pictures*, o "corpo" do indivíduo desaparece nessa ascensão à *unio mentalis*. Em outras palavras, deixa-se o mundo cotidiano (*Samsara*) por algum tempo. Agora, o desafio é voltar ao "corpo" de um modo diferente e não "recair" em antigos hábitos e ciladas. A consciência alcançada nos Desenhos 6-9 deve, de alguma maneira, entrar na realidade prática e fazer a diferença na atitude e no comportamento. Esse retorno é retratado no Desenho 10 da Série, "Entering the Market" ["A Entrada no Mercado"].

Na psicanálise junguiana, buscamos a mudança não apenas de uma consciência distante, mas também de atitudes e comportamentos. O termo "transformação" abrange tanto a dimensão "estética" quanto a dimensão "ética" da vida. Pode-se desfrutar e apreciar a jornada para uma maior consciência escrevendo, desenhando e pintando sonhos, imaginações ativas e outras experiências visionárias interiores, mas esse processo de individuação também deve fazer a diferença na vida cotidiana. O Desenho 10 da série intitula-se "A Entrada no Mercado". Os versos que lhe correspondem são:

Com o peito nu, de pés descalços, ele entra
no mercado.
Enlameado e coberto de pó, seu sorriso é
largo!
Rapidamente, sem recorrer a poderes místicos,
árvores murchas ele faz florescer.

Esse movimento de transformação de atitude e comportamento visa à penetração da consciência obtida na *unio mentalis* naquilo que, em *Liber Novus*, Jung chama de "o espírito do tempo". Vivemos num mundo profundamente condicionado pela história e por complexos culturais. O objetivo do trabalho para obtenção da *unio mentalis* é separar-se disso; o objetivo do trabalho para integração ao "corpo" na *unio mentalis* é trazer essa consciência para o mundo, onde ela fará a diferença na vida cotidiana ("o mercado"). Como a sombra se torna consciente na *unio mentalis*, as ações adotadas nesta fase estão relativamente desprovidas de seus efeitos colaterais perniciosos.

Estágio 3 – *Unus mundus*: a união do *self* pessoal ao *self* impessoal

Jung escreve o seguinte sobre este estágio: "O pensamento que Dorn expressa a respeito do terceiro estágio da conjunção é universal: ele é a relação ou identidade do pessoal com o *atman* suprapessoal, e do *tao* individual com o *tao* universal".[39] Nesse trecho, Jung novamente reúne Ocidente e Oriente, inspirando-se no filósofo e alquimista europeu do século XVI Gerhard Dorn e no daoismo chinês. Jung encontra um ponto de unidade em suas visões do desenvolvimento espiritual e psicológico, e passa a relacioná-lo ao processo de individuação. Aqui chegamos ao mais alto grau de conjunção: "a união do homem pleno ao *unus mundus*. [...] Uma união com o mundo: não com o mundo que vemos como o da multiplicidade, mas com um mundo potencial, a Base eterna de toda a existência empírica, assim como o *self* é a base e a origem da personalidade individual no passado, no presente e no futuro".[40]

A imagem final da série *Ten Ox-Herding Pictures* implica esse estágio da individuação. O texto diz: "Rapidamente, [...] árvores murchas ele faz florescer". Isso significa que, por estar ele tão profundamente ligado ao *unus mundus*, sem que nada precise fazer, sua mera presença é salutar. A sincronicidade o acompanha enquanto ele caminha pelo mercado. Seu ensinamento não se transmite apenas por palavras, embora ele fale e ensine, mas a influência de sua presença se estende além do alcance de sua personalidade e toca o mundo que o cerca por meio do canal da unidade mística com o *unus mundus*. Trata-se de um estágio de individuação em que consciente e inconsciente se unificam, não só o inconsciente pessoal como também o coletivo. Isso leva o Estágio 2, de forte matiz ético, um passo adiante na inclusão

---

39 C. G. Jung. *Mysterium Coniunctionis*, § 762.
40 *Ibid.*, § 760.

da dimensão ecológica no sentido mais amplo da palavra: a natureza em si. O Estágio 3 leva a consciência da "empatia de todas as coisas" a um contexto amplo, tanto em espaço quanto em tempo.

Conclusão

Espero ter argumentado que há pontos significativos de conexão e semelhança entre o conceito psicológico ocidental de individuação em seus estágios avançados e a visão oriental da Iluminação em alguns de seus aspectos mais visíveis. Isso pode ser percenido comparando-se a última teoria junguiana dos estágios da individuação à série *Ten Ox-Herding Pictures* do zen-budismo e a vários ensinamentos do budismo chan. No nível puramente cultural, os caminhos parecem muito diferentes por causa de formas culturais como a meditação intensa e concentrada durante longo tempo, por um lado, e o trabalho da psicanálise junguiana com sua regularidade mais intermitente e ênfase nos sonhos e na imaginação ativa, por outro. No entanto, em um nível mais sutil e profundo, parece haver semelhanças importantes. Isso significa que a sabedoria oriental antiga e o desenvolvimento psicológico e espiritual ocidental moderno podem caminhar confortavelmente lado a lado, estendendo a mão um ao outro e aprendendo um com o outro. Seus pontos de referência podem ser diferentes, mas suas respectivas experiências de transcendência e transformação da consciência e da atitude são, se não idênticas, muito próximas uma da outra. Ambos conhecem a sincronicidade, *o unus mundus*, a *unio mentalis* e a correspondentc ação ética.

A contribuição de Jung para a compreensão ocidental do desenvolvimento psicológico é o aspecto da introversão, o "poder autolibertador da mente introversa", como diz ele em seu artigo "Psychological Commentary on *The Tibetan Book of the Great Liberation*" ["Comentário psicológico sobre o Livro Tibetano da Grande Libertação"].[41] Assim, ele aproxima a individuação das práticas orientais de meditação e da conquista de "uma só mente" e iluminação. Em ambos, a dualidade é resolvida em favor de um mundo unificado com divisões e cisões subjetivas e objetivas curadas e superadas naquilo que Erich Neumann, o mais brilhante discípulo de Jung, chama de "a dissolução da forma do *self* e [...] a atualização do campo do *self* anônimo".[42] Neumann alude ao zen e fala de mestres que, "em seus atos e em seu ser, e na unidade de interior e exterior, ego e *self*",[43] demonstram esse grau de individuação.

---

41 C. G. Jung. "Psychological Commentary on 'The Tibetan Book of the Great Liberation'", § 773.

42 E. Neumann. "The Psyche and the Reality Planes", p. 61.

43 *Ibid.*

O Mistério da Criatividade: uma Viagem em Imagens

No capítulo anterior, tentei traçar um paralelo entre o objetivo oriental da iluminação, expresso no zen-budismo na série *Ten Ox-Herding Pictures*, e a visão ocidental do desenvolvimento psicológico e espiritual, conforme delineado no relato junguiano do processo de individuação. Este capítulo é um comentário sobre uma série de 10 pinturas criada pela artista contemporânea Diane Stanley, em reação ao estudo da série *Ten Ox-Herding Pictures* e à meditação baseada nessa mesma série. Nessas pinturas, ela capta a jornada como um processo que conduz ao mistério da criatividade. As imagens, intituladas pela própria artista, retratam um processo ao mesmo tempo antigo e pós-moderno.

Tomarei as imagens que emergiram de suas meditações como a representação de um processo psicológico arquetípico a serviço da individuação na segunda metade da vida. Elas representam o desdobramento de algo que começa na incerteza e na confusão e culmina em uma brilhante liberação de criatividade emanada do *Self*. O padrão dessa jornada psicológica é arquetípico, atemporal e universal. Na série zen, ela é vista como uma jornada rumo à Iluminação; na presente série, ela é mostrada como uma jornada rumo ao *Self* e à Criatividade. O padrão básico de ambas as jornadas é o mesmo, embora o desfecho possa parecer distinto. No zen-budismo, o resultado obtido é a regozijante tranquilidade no viver; nesta série de pinturas, é a exuberante criatividade no presente. A diferença entre os dois desfechos talvez seja menor do que aparenta à primeira vista.

Figura 1: *Algo Está Faltando*

O título dado pela artista à primeira pintura da série mostra o ponto de partida da jornada que se inicia. O sujeito descobre que falta alguma coisa. Isso ocorre como uma súbita percepção: a consciência desperta e reconhece a ausência de algo essencial. O que é esse "algo"?

Vou tomar "o que falta" como "alma" e presumir que se trate de uma condição semelhante àquela sobre a qual escreve Jung no início de *O Livro Vermelho: Liber Novus* quando indaga em tom queixoso: "Minha alma, onde estás? Tu me escutas?"[1] A alma desapareceu e, nesta primeira pintura da série, vemos a representação dessa sensação de vazio no buraco que vemos perto do centro da imagem.

Em geral, a experiência da perda da alma acontece na meia-idade, embora possa acontecer em qualquer etapa da vida, principalmente com personalidades criativas, quando a desilusão se instala e não há energia para viver com base em velhos padrões e rotinas. O estilo de vida anterior deixa de funcionar. Perde o sentido. Esse estado de espírito pode acontecer de várias maneiras. Pode ser algo como um *burnout*, também conhecido como síndrome do esgotamento profissional, que hoje constitui uma condição lamentavelmente comum entre os que trabalham. Os psicoterapeutas muitas vezes deparam-se com esse problema em seus pacientes. As pessoas chegam a um beco sem saída, na vida pessoal ou profissional, e perdem o prazer que antes sentiam nessa vida. Elas se veem privadas de algo – um "fluxo" – que as anime e lhes dê a sensação de dedicar-se a uma atividade significativa. Ou, então, passam por um divórcio difícil ou perdem um parente próximo, como um pai ou um filho. "Agora já não havia mais fermento no pão da terra", como escreveu Karen Blixen de maneira tão tocante em *A Fazenda Africana* sobre a perda de

---

1 C. G. Jung. *The Red Book: Liber Novus*, exemplar para divulgação, p. 127.

seu amigo Berkeley Cole. As pessoas podem continuar agindo como sempre agiram, só que agora o fazem sem esperança nem amor.

Quando falta alma na vida, desaparecem a visão que a orientava, assim como a energia e a finalidade que a sustinham. Muitas vezes, o momento dessa constatação é devastador, mas também pode marcar um primeiro e importante passo no processo de individuação. A chocante constatação de que aquilo que havia sido construído anteriormente se baseava em projeções e suposições equivocadas promove um colapso da estrutura. É impossível imaginar o futuro. Mas é o início de uma jornada rumo ao desconhecido, como foi para Dante um dia, quando se viu impedido de avançar, perdido e sozinho numa floresta sombria. E essa foi também a constatação que levou Jung a clamar: "Minha alma, onde estás?" no início de sua jornada interior. A primeira imagem da presente série nos remete a essa mesma condição.

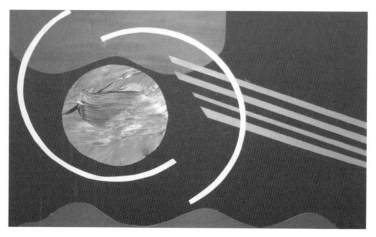

Figura 2: *Um Vislumbre de Insight*

A Figura 2 sinaliza uma mudança no "clima" anterior. As quatro linhas grossas vindas da direita, o lado da consciência, percebem um objeto redondo e cheio na escuridão do inconsciente, à esquerda. É uma descoberta! A imagem mostra um afluxo considerável de energia. O que esse vislumbre de *insight* revela? Como é que ele atinge alguém?

Suponhamos que você esteja nesse estado de confusão e desorientação, tropeçando pela vida sem noção clara de direção e, inesperadamente, um livro lhe caia nas mãos. Você o abre, começa a ler e, de repente, se vê pensando: "Hum, este livro é interessante. Nunca havia pensado nisso antes". Talvez seja um livro de filosofia ou psicologia. Talvez seja a autobiografia de Jung (que foi o meu caso). Ou uma palestra. De repente, você tem um vislumbre desse "algo" lá fora, na escuridão opaca. "Sonhos! Atente para seus sonhos": é a mensagem de *Memórias, Sonhos, Reflexões*. E, agora que tem uma pista, você pode decidir segui-la. Há uma centelha de esperança de poder encontrar um caminho. O *insight* cala fundo, ressoa. E basta para inspirá-lo a pesquisar em uma determinada direção, no intuito de aproximar-se daquele objeto recém-descoberto no escuro.

Para algumas pessoas, na verdade essa percepção vem em um sonho numinoso que as volta para uma nova direção. Também pode vir como uma projeção de fascínio sobre alguém que o inspire, em quem você veja sabedoria ou algo de mágico, como gênio. Quando conheciam Goethe, por exemplo, as pessoas que conseguiam conversar com ele (o que não era fácil), muitas vezes saíam maravilhadas. Um encontro assim ocorreu com Marianna Jung, de 30 anos, e rapidamente a transformou de atriz e dançarina em poetisa de renome internacional por suas contribuições à famosa coletânea de poesia lírica *West-östlicher Divan*, de Goethe. O carisma chama sua atenção, e você decide persegui-lo. É o início da recuperação do senso da alma que se havia perdido.

Figura 3: *O Trabalho é Difícil e Perigoso*

Na figura acima, vemos a luta que ocorre depois que o *insight* é apreendido e que suas implicações se tornam evidentes. O *insight* enseja um profundo reconhecimento da complexidade da psique. O mundo interior que se abre está repleto de tendências conflitantes. Para reaver a alma e trazê-la de volta a uma relação viva com a consciência, é preciso um forte envolvimento com o inconsciente. Esse envolvimento consiste no trabalho de lidar com os opostos, que são inerentes ao *Self* e energizam o processo de individuação se os suportarmos, os pusermos em relação uns com os outros e os empregarmos em atividades produtivas. Nessa pintura, um grande círculo contém e atrai para si todas as tendências da psique: a instintiva, a psicológica, a social, a política e a espiritual. Como vemos, elas estão em disputa, colidindo umas contra as outras. Não é uma cena harmoniosa. Não é nenhum paraíso. Jung cita o filósofo alquimista Hipólito para descrever o *Self* nesse estado:

> Este Homem é uma Mônada não composta e indivisível, mas composta e divisível, em amor e paz com todas as coisas e, não obstante, guerreando com todas as coisas e em guerra consigo mesmo em todas as coisas dissemelhantes e semelhantes a si mesmo, como se fosse uma harmonia musical que contenha todas as coisas. Aquele ponto uno e indiviso tem muitas faces, mil olhos e mil nomes: é o yota, o ponto do *i*. Esse é o emblema do Homem perfeito e invisível.[2]

Se quisermos estabelecer uma relação consciente com esse *Self* paradoxal, precisaremos trabalhar arduamente para administrar suas agudas divisões. Sombra luta com *persona*; *anima* luta com *animus*; pensamento luta com sentimento; cabeça, com coração; bem, com mal etc. etc. Isso é o que Jung chamou em sua autobiografia de "confronto com o inconsciente", no qual a consciência do ego está em embate

---

2   C. G. Jung. *Mysterium Coniunctionis*, § 38.

vigoroso com a totalidade paradoxal do *Self*. O ego quer simplificar e correr nos antigos trilhos, e o *Self* diz: "Não!". Trata-se de uma batalha por supremacia.

A questão é: sua antiga vida agora está desgastada, você a superou, você se desiludiu com ela. O *insight* oferece uma nova possibilidade de individuação e plenitude, mas gera uma desafiadora tensão. Uma parte sua quer apegar-se ao velho: à parte conservadora, à parte medrosa, à parte que se aferra a certezas anteriores. Outra parte de você rejeita o velho e diz: "Vamos lá! Vamos nos arriscar e explorar esse novo caminho". Então sobrevém um conflito íntimo entre a velha atitude da consciência do ego e o *Self* recém-emergente e agora entra em jogo.

Isso acontece tanto em nível individual quanto em nível coletivo. De vez em quando, também as culturas são convocadas a libertar-se da antiga pele para iniciar um período de transformação em algo novo. É um processo de morte e renascimento. A humanidade está precisamente nesse ponto hoje. Os seres humanos, como um todo, precisam mudar de atitude em relação à natureza e ao planeta, e isso provoca um conflito agudo e às vezes violento entre os que querem apegar-se desesperadamente às identidades sociais, nacionais e culturais do passado e aquilo que o novo paradigma emergente apoia e exige. Uma comunidade global está surgindo, e isso provoca conflito e confusão. Continuar à moda antiga já não é possível, o novo está chegando, embora ainda não saibamos quando a nova atitude surgirá nem como será.

Dante enfrentou essa luta na meia-idade, quando se viu exilado de Florença e incapaz de prosseguir com seus antigos interesses e compromissos. Totalmente desiludido com a política de corrupção praticada em sua cidade, ele teve que transformar seu senso de identidade em um ambiente novo e hostil. Dante já não era a figura que havia sido no antigo contexto. Agora ele acorda numa floresta escura impedido de seguir em frente. Para sua surpresa, um guia surge na escuridão: o poeta Virgílio, enviado por Beatriz, a *anima* divina, para acompanhá-lo em sua jornada ao centro e aos confins dos reinos do inconsciente (Inferno, Purgatório, Paraíso). O trabalho é difícil, mas conta com a assistência do *Self*.

Figura 4: *Iniciação ao Submundo*

Nessa pintura, chegamos ao mundo sombrio do inconsciente. Na análise, esse é o estágio que Jung chamava de "confissão", o qual envolve um mergulho profundo nas sombras da psique. Os analisandos reviram mais fundo seu passado e percebem nitidamente os erros que cometeram, as escolhas equivocadas, os julgamentos falhos que feriram a si próprios e aos outros. É o território da vergonha e da culpa. Essa é a escuridão retratada na pintura. Um quadrado negro ocupa seu centro. Descobre-se, não raro pela primeira vez, que o lado sombra da vida não foi levado seriamente em conta antes. A maioria das pessoas simplesmente se afasta da sombra. Se têm um simples vislumbre de sua própria sombra ou se alguém lhes fala de suas motivações sombrias, seu egoísmo, sua ganância ou sua inveja, elas negam tudo e o projetam no outro: "Eles não sabem de que estão falando. Estão projetando". Mas, aqui, o sujeito a vê de frente.

Figura 5: *Meditatio: Diálogo*

Esse é um difícil desafio para o ego e sua capacidade de suportar a indignidade de encarar a sombra, de resistir de verdade e atravessar essa escuridão até que ela comece a se transformar na etapa seguinte, na qual o diálogo pode começar a ocupar o lugar do conflito.

Uma meta importante na psicanálise junguiana é criar as condições para o diálogo entre o ego e várias partes do *Self. Meditatio* é um diálogo interior e uma troca de mão dupla entre a consciência do ego e o inconsciente. Um diálogo exige que se escute atentamente e se responda ao outro a partir de uma posição estabelecida. Na Figura 5, vemos ao centro dois semicírculos que se encontram e quase se tocam. Há setas que se aproximam de um possível ponto de encontro. As duas esferas estão prestes a entrar em contato uma com a outra. Nenhuma delas é excessivamente dominante. Elas estendem a mão uma para a outra.

Esse tipo de diálogo interior ocorre na *imaginação ativa*. Você está desperto e presente na cena imaginária, e as figuras imaginárias surgem e também falam. Essa é a base do diálogo. Algumas vezes, essas figuras interiores dizem coisas que você não quer ouvir; outras vezes, elas falam de coisas que você nunca pensou ou sequer levou em consideração. Esse tipo de troca é necessário ao preparo para a mudança que está prestes a chegar. As pinturas desta série retratam um processo de mudança, algo que requer tempo e preparação. Ao longo do caminho, haverá alguns momentos de *insight* e de súbitas constatações, porém tornar a mudança uma realidade é um processo longo e árduo. Nessa imagem, teve início um diálogo após o confronto com a sombra retratado na imagem anterior. Os dois lados agora estão envolvidos um com o outro.

A partir desse diálogo entre o ego e a sombra interior, ocorre também uma percepção mais penetrante da sombra das pessoas à sua volta. Muitas vezes, há um momento em que os analisandos entram numa sessão e dizem algo como: "Eu estava em uma festa ontem e vi coisas que nunca tinha visto. Vi o que estava acontecendo sob a superfície; vi como as pessoas competiam umas com as outras, como tentavam colocar as outras para baixo, como eram mesquinhas, como eram egoístas. Eu consegui ver tudo isso na sala, mesmo que nada disso fosse explícito". Os olhos se abrem para a percepção da sombra dos demais.

A constatação de que não há ninguém que deixe de ter sua sombra é importante: nenhum indivíduo, nenhum grupo ou tribo, nenhuma nação. É preciso encarar esse fato de frente para ensejar alguma mudança que propicie o início de um diálogo mais profundo com o outro. No diálogo, os reflexos da sombra ocupam o primeiro plano. Como um espelho, o outro pode refletir-lhe sua sombra de maneiras que você não conseguiria ver sem ele. Você tem que estar aberto e disposto a lidar com isso. Seja interpessoal ou intrapsíquico, o diálogo é uma troca honesta e aberta entre o que é consciente e o que tem sido inconsciente e projetado ou, simplesmente, nunca veio à tona antes. Trata-se de um processo que posteriormente resulta na transformação da consciência.

Figura 6: *Harmonia e Movimento em Relação*

Na Figura 6, vemos um *Mysterium Coniunctionis* conforme o descreveu Jung em seu último livro: a união e a mistura dos opostos que antes estavam em diálogo. Houve uma grande mudança na relação entre a consciência e o inconsciente, o que agora possibilita a verdadeira integração e o nascimento da nova atitude. É um regozijante momento de união do processo de individuação.

Na pintura, não há sinal de conflito entre direita e esquerda. Há um movimento fluido e harmonioso, um fluxo conjunto de energias que se apoiam reciprocamente, e a pessoa se sente em sintonia com seus próprios instintos e intuições. Esse momento é retratado em *A Divina Comédia* ao fim da jornada pelo Purgatório, quando Virgílio, tendo atingido o limite de sua capacidade como guia, se despede de Dante após sua purificação no fogo. Ele abençoa Dante com estas comoventes palavras:

"De mim já não esperes voz nem gsto; deves guiar-te por teu arbítrio, que é livre, é reto, é honesto, erro portanto sendo o não seguires os seus desejos. Eis que eu te proclamo amo e senhor de tua vontade!"[3]

O que Virgílio está dizendo é que Dante pode confiar em seus próprios pensamentos e intuições, pois já não precisa de sua orientação. Quando as pessoas chegam a essa fase, podem confiar em si. Pense na distância que já percorreram da primeira pintura até esta. Aqui, elas podem confiar em suas intuições e impulsos porque os conhecem bem e podem usá-los como guias. Essas pessoas podem usar suas fantasias, já que conseguiram acesso ao inconsciente. Assim, vemos nessa imagem esse fluxo maravilhoso entre a direita e a esquerda, em um movimento harmonioso do qual ambos os lados participam plenamente.

Isso nos leva ao fim do primeiro grupo de pinturas da série, que retrata a preparação para o que vem agora. As demais pinturas representam a finalização dessa preparação.

Chegamos, assim, à imagem inicial da finalização do processo representado nas seis pinturas anteriores. Trata-se de um momento de lucidez. A visão é estável e sólida. Não há lutas, há apenas um estado de espírito equilibrado. Aqui vemos as duas metades de uma esfera. Uma delas é escura: o lado inconsciente, à esquerda. As linhas brancas vindas da

---

3 Dante. *Purgatório* XXVII: 139-143, p. 208.

extrema esquerda mostram um movimento para a direita, em direção à consciência. O globo da Figura 2 reapareceu, um símbolo do *Self* que paira no céu como uma Lua Cheia. À direita, vemos uma consciência do ego muito bem estruturada. O lado direito e o esquerdo – consciente e inconsciente – estão relacionados entre si e formam um todo, como o símbolo taoista de yin e yang. É um quadro cheio de paz. Depois das lutas da preparação, agora há um período de espera, tranquilo e meditativo.

Figura 7: *É Chegada a Hora do Repouso*

Esse silencioso período de espera é importante para o que está por vir. Depois da preparação, a finalização não acontece repentinamente. Há uma pausa, um período de descanso, uma transição, um momento de esperar o surgimento da etapa seguinte. É tempo de paciência. Ele pode prolongar-se por algum tempo, porém agora há estabilidade psíquica. Os sujeitos percorreram um longo caminho, lutaram com todas as suas forças e, agora, podem contar com uma firme base interior. Eles saberão qual é a hora certa. Podem confiar na psique. Podem esperar confortavelmente até que venha o movimento seguinte, que os levará ao destino final e culminante da série.

Então, surge uma mudança drástica e abrupta na série. A Figura 8 apresenta um círculo iluminado sobre fundo negro e uma explosão de energia por ele irradiada ou recebida. Depois do período de silêncio e meditação, tudo se torna um brilhante clarão da iluminação. O período de transição transformou-se num momento inteiramente novo da consciência. De que se trata?

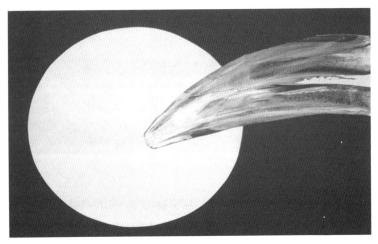

Figura 8: *Iluminação Repentina*

Além de representar o clímax do processo até aqui, esta pintura prepara o terreno para o que está por vir no restante da série. Ela pode ser lida como uma anunciação: um sinal do futuro nascimento do *Self*. Trabalhando em conjunto, o espírito (*animus*) e a alma (*anima*) se encarnarão. Na série *Ten Ox-Herding Pictures*, a oitava posição é ocupada pelo famoso "Ensō", o círculo vazio. Ele constitui o ápice dessa série e representa uma experiência mística de plenitude-vacuidade, o "Vazio". Entretanto, na presente série, a oitava imagem tem um forte elemento dinâmico e avança. Ela sugere futuridade, o nascimento de um filho. Não é um estado final, mas o início de algo novo.

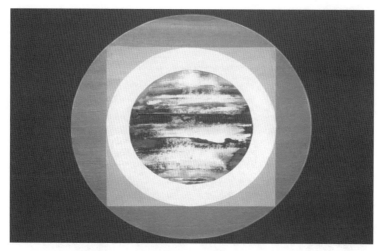

Figura 9: *A Fonte*

Na Figura 9, o útero bem protegido que abriga a futura encarnação do *Self* está repleto. No processo, esta é uma fase de incubação. No centro há formações semelhantes a nuvens; algo está germinando ali. É uma imagem perfeitamente centrada e representa o ponto de partida arquetípico de tudo o que há. A moldura escura em torno do círculo exterior é a profunda inconsciência cósmica da qual emerge, como um mistério, o Ser. A quadratura do círculo e a circunscrição do quadrado são representações da ideia do paradoxo da totalidade. É um quadro de grande estabilidade psicológica e, assim como a mandala, é também um símbolo do *Self*. Essa imagem da série *Ten Ox-Herding Pictures* intitula-se "Reaching the Source" ["Alcançando a Fonte"] e mostra uma cena sem Touro nem figura humana, simplesmente uma cena da natureza como a própria Existência. É silenciosamente impessoal.

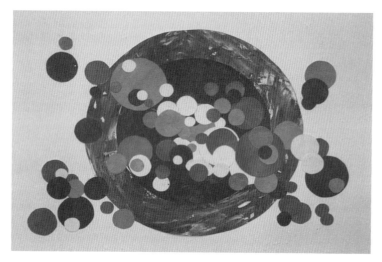

Figura 10: *O Criativo*

A Figura 10 representa uma exuberante explosão de criatividade vinda da escuridão do *Self*. Incontáveis bolhas saem do bem estruturado útero arquetípico, o *Self* como útero do mundo. Com o tempo, cada círculo pode se tornar um útero semelhante e dar origem a novas gerações.

Esse momento é a culminância de um longo período de preparação que abrangeu uma busca e uma luta seguidas de fertilização e incubação. Em nossa experiência, essa culminância pode prolongar-se por meses ou anos. Na análise, testemunhamos o quanto esse processo pode estender-se. Muitas vezes, seus resultados são notáveis.

Penso nas biografias de pessoas como Dante, Goethe, Jung e muitas outras, cuja maior obra de criação foi feita após a perda da alma em períodos anteriores de suas vidas, depois de jornadas pelo mundo arquetípico do inconsciente e após incubação prolongada e intensa do que lá aprenderam. As obras mais profundas de Jung foram escritas quando ele passava dos 60 anos e se estenderam pelos vinte anos seguintes. Como Goethe, que estava na casa dos 80 quando concluiu sua maior obra, *Fausto*, história épica de sua vida interior, Jung concluiu e publicou seu último e melhor livro, *Mysterium Coniunctionis*, aos 80 anos, poucos anos antes de sua morte. Essa obra surgiu do tipo de processo mostrado nas imagens da série de pinturas de que tratamos aqui: um processo que começa com desilusão e confusão, passa ao *insight* e ao conflito, cai na escuridão do mundo interior e entra em diálogo com os outros que trazemos dentro de nós, começa a arrumar as coisas e lentamente se volta em direção ao reconhecimento e à aceitação do *Self* paradoxal. Tudo isso é preparação para o que está por vir no movimento final, que visa à realização.

Não se pode saber com antecedência o que finalmente surgirá da última imagem, "O Criativo". Bastante complexa e cheia de potencial, ela abre muitas possibilidades: é como um dente-de-leão cujas sementes caem num prado para florescer na primavera seguinte. É o começo do que virá no restante da vida. Essa experiência formará a base daquilo que a pessoa poderá contribuir para a cultura. Esse tipo de criatividade explode da concha do individual para o coletivo. As contribuições que as pessoas fazem em seus últimos anos não são especificamente para seu próprio bem-estar nem para seu sucesso na carreira e nos objetivos pessoais. São dádivas para a cultura e para a evolução da consciência na cultura de um modo geral. As criações que surgem do tipo de processo de desenvolvimento retratado nas imagens da série têm um impacto tremendo nas gerações futuras e as ajudam a orientar-se para a verdade.

O fato é que todos nós temos que atravessar esse processo se quisermos ser criativos na segunda metade da vida. Não podemos confiar no simples estudo da criatividade daqueles que nos antecederam. Também temos que suportar o processo. Só assim poderemos chegar ao estágio da previsão de realização ao final da série. As pinturas retratam esse processo de transformação em uma forma de comunicação singular, artística e profunda da artista para todos nós.

Quero agradecer a Diane Stanley por essas imagens maravilhosas. Se as observarem com atenção e seguirem o fio do significado ao longo da série, talvez as pessoas criem coragem, se inspirem e se deixem guiar em seu próprio processo.

Os Sentidos do "Sentido"

—〰—

Ainda me lembro bem da primeira vez que li o inspirador *O Homem em Busca de um Sentido*, de Victor Frankl, há muitos anos, quando era ainda aluno do ensino médio. O livro deixou-me na memória uma impressão indelével. A sobrevivência de Frankl nos campos de extermínio e sua subsequente criação da logoterapia constituem uma das grandes histórias de resistência e resiliência humanas do século XX. Sua teoria foi testada no fogo de experiências extremas. Como descobriu ele próprio, ter algum senso de sentido importa para nossa própria sobrevivência. Meu posterior interesse pela psicanálise, especificamente pelo pensamento e pela prática junguianos, encontrou sua inspiração mais antiga em *O Homem em Busca de um Sentido*, de Victor Frankl, e em *A Interpretação dos Sonhos*, de Freud, que também li na adolescência. Foi com grande prazer, portanto, que aceitei o convite para falar nesta conferência sobre o tema "Motivação e Sentido". Eu o farei sob a perspectiva da psicologia junguiana, de sua teoria e prática, já que essa tem sido a minha prática profissional nos últimos quarenta e cinco anos. Para ser honesto, Jung foi e continua a ser uma parte nuclear de meu senso pessoal de sentido; uma motivação poderosa que me impele a dedicar minhas atividades profissionais à escrita, ao ensino e à prática clínica no campo da psicologia analítica.

Para começar, por um instante farei uma pausa para reconhecer que "sentido" é uma palavra. Seguindo a orientação de Wittgenstein a respeito da linguagem, examinarei como essa palavra é usada no contexto da psicologia analítica. Nos círculos junguianos, usamos bastante a palavra "sentido". A questão é: como a usamos e o que pretendemos dizer quando a usamos? Muitas vezes, ela é colocada em jogo quando falamos de sonhos ou experiências numinosas, mas também surge em sua acepção cotidiana quando falamos sobre relacionamentos, amor, trabalho, carreira, passatempos e assim por diante.

Em termos psicológicos, costumamos usar a palavra "sentido" para referência a um sentimento consciente ou a um julgamento subjetivo. Falamos de "um senso de sentido". Uma determinada atividade ou um conjunto geral de ideias e atos nos dá "um senso de sentido". Dizer que "sentido" é uma palavra que se refere a um sentimento específico não é diminuir seu valor ou importância. Na maior parte do tempo, é com nossos sentimentos que vivemos e, muitas vezes, eles determinam nossas escolhas e decisões sobre como viver, com quem viver e, em geral, são a tônica de nossa vida cotidiana. Os psicoterapeutas passam muito tempo refletindo com seus pacientes sobre os sentimentos. Os sentimentos fazem toda a diferença. O "senso de sentido" é um sentimento positivo; algo que a maioria das pessoas deseja ter em sua vida.

Às vezes, porém, também falamos de "sentido" para referência ao arquetípico, isto é, como transcendente à consciência, inerente ao inconsciente coletivo e, em última análise, entregue ao sujeito consciente pelo *Self* objetivo. Nessa acepção, fala-se de "sentido" não como sentimento consciente, mas como atributo de uma constelação psicológica cuja fonte jaz fora da consciência.

Então, por um lado, falamos de "sentido" em seu sentido subjetivo, como quando dizemos que temos "um senso de sentido"; por outro, falamos de "sentido" em seu sentido objetivo, ou seja, como transcendente ao sentimento ou julgamento conscientes, como quando dizemos que ocorreu um evento sincronístico (uma coincidência significativa). Um é um sentimento imediato na consciência, ao passo que o outro sofre um atraso e só chega à consciência por meio da reflexão. O segundo sentido traz uma referência à transcendência. Sua fonte transcende o ego e chega como um dom da graça.

Refletirei sobre a relação entre esses dois tipos de sentido. Uma questão a ser considerada: é necessário que um "senso de sentido" subjetivo participe de um "sentido transcendente" objetivo para manter seu poder de convicção e motivação? Será que um senso subjetivo de sentido é capaz de manter-se motivacional sem o apoio de uma fonte situada além das limitações do sujeito e transcendente ao ego?

Entretanto, devo dizer que até mesmo a mera sugestão de sentido transcendente é extremamente problemática para indivíduos contemporâneos. Com o adjetivo "contemporâneo", quero dizer pós-moderno em termos de sensibilidade e perspectiva. Vivemos numa época que baniu totalmente o mito e a metafísica de qualquer consideração séria. Na pós-modernidade, podemos brincar livremente com o mito e a imaginação especulativa, mas não vinculamos a eles nossa vontade nem nosso destino como fizeram as pessoas em outras épocas e lugares. Vemos tais afirmações como pré-modernas ou patológicas. Portanto, precisamos perguntar: é possível encontrar algum senso de sentido sustentável que talvez exija uma âncora transcendente e, ao mesmo tempo, participar ativamente de uma cultura como a nossa, que rejeita símbolos e crenças religiosas como pontos de orientação? Em nível coletivo, não temos narrativas mestras que nos conectem aos deuses, ao infinito, ao eterno. Nessa situação cultural, o que pode suster algum senso de sentido para o indivíduo? Não entrará em colapso, como uma disposição pessoal transitória? Para muita gente, é esse o caso.

Falarei agora de como a psicologia analítica aborda esse problema e recorrerei às experiências registradas de Jung como modelo. Ajo assim porque, como foram publicadas, falar dessas experiências não infringe as regras de confidencialidade que normalmente se aplicam a casos clínicos.

É sabido que Jung iniciou sua busca de sentido procurando um mito em que viver quando, depois de escrever *Símbolos da Transformação*, sua ruptura definitiva com Freud, confrontou a si mesmo e percebeu claramente que não mais professava o credo ou mito cristão. De repente, viu-se num vácuo de ausência de sentido. Seguiu-se o período de *O Livro Vermelho*, um mergulho profundo na vida da imaginação, uma busca apaixonada pelo que chamou de "um mito pessoal" que pudesse oferecer e manter algum senso de sentido para ele.

O que é um mito pessoal? Em geral, o mito é uma estrutura narrativa coletivamente aceita que envolve imagem e pensamento e implica referência transcendente ao sentido objetivo que está além das tentativas incertas da mera subjetividade. Os deuses eternos oferecem aos mortais finitos um ponto de referência do sentido transcendente, que é absoluto e não está sujeito ao tempo nem a mudanças. Os mitos são como as estrelas que guiam o marinheiro em alto mar.

Um mito pessoal é uma estrutura de imagem e narrativa vivida individualmente que também implica transcendência e sentido objetivo no contexto de um senso subjetivo de sentido. O mito ancora o senso de sentido relativo e temporal do sujeito no absoluto. Como o mito coletivo, o mito pessoal fornece um nível fundamental de certeza e segurança para o senso subjetivo de sentido, como as barras de ouro guardadas nos cofres do banco federal suíço para lastrear o papel-moeda do país. Ainda assim, a ideia de mito pessoal nos parece estranha porque geralmente pensamos no mito como pertencente a um grupo e dotado de uma longa história, da qual o indivíduo é um herdeiro.

No início de seu *Liber Novus* e no início de sua jornada pelo mundo arquetípico da imaginação, Jung escreve algo fundamental sobre o tema do sentido: uma conversa com uma figura chamada simplesmente Alma, uma presença feminina que o confrontara e questionara, além de fazer-lhe algumas exigências.

> Na noite seguinte, tive que escrever todos os sonhos que consegui recordar, mantendo a máxima fidelidade possível às palavras enunciadas. O sentido desse ato escapava-me. Por que tudo isso? Perdoa-me toda essa agitação. No entanto, queres que eu o faça. Que coisas estranhas estão acontecendo comigo? Sei demais para não ver as pontes oscilantes em que piso. Aonde me levas? Perdoa-me a apreensão excessiva, recheada de conhecimento. Meu pé hesita em segui-la. A que nevoeiros e trevas conduz teu caminho? *Preciso também aprender a prescindir do sentido?* Se é isso que exiges, então que assim seja. Esta hora te pertence. *O que existe onde não existe sentido? Apenas absurdo ou loucura*, ao que me parece. Existe também *um sentido supremo? É esse o teu sentido, minha alma?*[1] ("Was ist, wo

---

1   C. G. Jung. *The Red Book: Liber Novus*, pp. 137-138. Itálicos meus.

kein *Sinn* ist? Nur *Unsinn* oder *Wahnsinn*, so scheint mir. Gibt es auch einen *Übersinn*? Ist das dein *Sinn*, meine Seele?"[2])

O trecho acima prepara o terreno para tudo o que viria em *Liber Novus*. Alma exige-lhe que deixe de lado por algum tempo seu adquirido "senso de sentido" consciente, o qual derivaria de seu trabalho anterior como psiquiatra e autor e de sua família e suas amizades. Ele é instado a aventurar-se no desconhecido sem a segurança oferecida por seus cargos e conquistas profissionais. Lá, ele poderia descobrir o sentido de Alma, ou seja, o sentido supremo (*Übersinn*).

Quero chamar especial atenção para três palavras-chave nesse trecho: "sentido" (*Sinn*), "absurdo" (*Unsinn*) e "sentido supremo" (*Übersinn*). Os dois primeiros pertencem ao mundo consciente do narrador (o ego, ou "eu", da história), que é um psiquiatra e pesquisador científico suíço de meia-idade, e o terceiro é sugerido por Alma (figura simbólica do inconsciente coletivo, representada no texto como uma mulher, a qual Jung viria a chamar de "anima" em sua teoria psicológica posterior). O narrador dessa história ("eu") está disposto a abandonar seu limitado senso de sentido, mesmo que isso o lance num estado mental de confusão em que o absurdo e a loucura ameaçam consumi-lo. Porém ele confia provisoriamente em receber de Alma outro senso de sentido ou um senso de sentido distinto: o "sentido supremo"

---

2   C. G. Jung. *Das Rote Buch*, p. 148. Itálicos meus.

(*Übersinn*). Esse será um atributo do mito pessoal que ele procura descobrir nessa jornada ao interior da psique.

Qual o tipo de sentido (*Sinn*) que normalmente está disponível para o sujeito? Seria do tipo que encontramos no dia a dia quando investimos em nossas atividades e relacionamentos. Não precisamos ir muito longe para encontrá-lo. Ele está à mão. Vem com nossas atividades e conquistas. Se tivermos um trabalho gratificante, por exemplo, e nos sairmos bem nele, o senso de sentido será um efeito colateral. Se virmos nossos filhos crescerem e se encaminharem bem na vida, diremos que participar da vida familiar e contribuir para o bem-estar dos entes queridos nos dá um senso de sentido. Esse tipo de sentido é um sentimento que deriva de nossas atividades.

Essa acepção de sentido tem muitos níveis e pode implicar a camada arquetípica da psique. Alguém poderia contar a seu terapeuta: "Fui à exposição de arte contemporânea em Basileia. Achei muito significativa". Essa pessoa estaria dizendo que a exposição despertou seu interesse, falou-lhe de alguma maneira cuja importância era pessoal, talvez por lembrar-lhe associações e sentimentos vagamente percebidos, porém profundos. É difícil para ela definir mais claramente o que quer dizer com a palavra "significativa", mas sem dúvida tem a ver com um sentimento da importância dessa experiência para ela. Tal sentimento pode ser transitório e desaparecer em pouco tempo. Ou talvez seja algo mais importante, um senso mais profundo de sentido que até toque o nível arquetípico de sua psique. Uma psicologia de sentido profundo é uma psicologia simbólica, uma psicologia da alma e das profundezas do inconsciente coletivo. Ela fala de símbolos e de seu efeito poderoso, até numinoso, sobre nossas emoções e nossa consciência. Tais experiências de sentimento podem mudar nossa vida e enviar-nos em novas direções. Esse nível de sentido tem poder motivacional irracionalmente derivado. Aqui, o sentido nos dá uma vontade de viver.

Porém, às vezes, a súbita erupção de um senso de sentido em uma experiência numinosa parece, em retrospecto, um episódio psicótico. Isso é especialmente verdadeiro quando não está ligado a outros aspectos mais mundanos do senso de sentido na vida e no trabalho. Lembro-me de certo dia em que um paciente me procurou para uma sessão de terapia e afirmou que vira, naquela mesma manhã, uma série de símbolos extremamente significativos nas árvores em torno de sua casa. Perguntei-lhe o que vira e o que a visão significava para ele. Ele respondeu que tinha visto, entalhadas no tronco das árvores, cruzes que sinalizavam sua identidade como Jesus Cristo. Normalmente, esse paciente era apenas o frequentador educado e um tanto reservado de uma igreja protestante nas manhãs de domingo: nada mais místico que isso. Naquela altura, já era um empresário aposentado com um ou outro *hobby* inofensivo para passar o tempo. Mas, no dia em questão, ele sorriu para mim de maneira sugestiva, certo de que, daquele dia em diante, eu também poderia reconhecê-lo como o Cristo. Conversamos sobre isso calmamente durante a sessão; eu não o contradisse nem concordei com ele. O paciente não parecia correr nenhum perigo. Quando tornei a vê-lo, uma semana depois, já havia voltado a seu estado normal de consciência e não se referiu mais a esse episódio. O episódio parecia ter-se desvanecido, e o paciente voltou a funcionar como uma pessoa mais ou menos racional que vive no mundo secular moderno. Entretanto, é bem possível, até provável, que sua identificação com o símbolo de Cristo permanecesse adormecida no inconsciente e continuasse a oferecer a sua vida um sentido transcendente, só que de uma maneira mais moderada. Mesmo que tenha sido extrema, essa experiência não foi patológica no sentido de interferir em sua vida normal. Ele apenas fora momentaneamente arrebatado por um poderoso símbolo mítico coletivo ao qual se liga sentido supremo (*Übersinn*).

Há um episódio semelhante, registrado em *Liber Novus*, quando Jung se identifica momentaneamente com a figura do Cristo Crucificado. Cerca de doze anos depois, Jung o interpreta em um seminário para seus alunos:

> Neste mistério de deificação, você se transforma no vaso, e é um vaso da criação no qual os opostos se reconciliam. Quanto mais percebidas forem essas imagens, mais você será arrebatado por elas. Quando as imagens lhe vêm e não são compreendidas, você está na sociedade dos deuses ou, se preferir, na sociedade lunática; você deixa de estar na sociedade humana, pois

não pode exprimir-se. Só quando pode dizer "Esta imagem é Fulano de Tal" é que você permanece na sociedade humana. Qualquer um poderia ver-se preso a essas coisas e nelas se perder. Alguns descartam a experiência dizendo que é apenas um absurdo e, assim, perdem o que elas têm de maior valor, pois essas são as imagens criativas. Outro pode identificar-se com as imagens e tornar-se um esquisito ou um tolo.[3]

Em suma, com base em tais experiências, pode-se forjar um senso de "sentido supremo" se elas forem ligadas ao resto da vida de uma pessoa e incorporadas a um senso subjetivo de sentido.

A acepção mais comum da palavra "sentido" pode aplicar-se a qualquer coisa: limpar armários, comprar um vestido, cozinhar, cortar a grama e cuidar do jardim. É um sentimento de prazer que lubrifica as rodas da psique do mesmo modo que o óleo, as engrenagens do motor de um automóvel. Essa acepção mundana de sentido implica que a energia psíquica está fluindo sem entraves para a vida cotidiana. Dizemos que a libido está em progressão. Em geral, é algo pequeno e aparentemente banal, porém, às vezes é algo mais simbólico e até numinoso. Aqui, a alma está ativamente presente (segundo Jung, a *anima* é "o arquétipo da própria vida"). Quando a alma está desperta e ativa em nossa vida, temos motivação

---

3   C. G. Jung. *Analytical Psychology*, p. 99.

para levantar da cama a cada manhã e cuidar de nossos afazeres e obrigações com atitude positiva e até mesmo cheia de alegria.

Considere a situação oposta. Um paciente diz a seu terapeuta: "Simplesmente não aguento mais ir para o trabalho. Ele não tem sentido algum. É vazio, rotineiro, chato. Está acabando comigo". O trabalho do paciente é tedioso e deixou de atrair sua libido: perdeu o brilho. Isso o fez perder o interesse por suas tarefas e seu ambiente de trabalho. O senso de sentido se foi. Isso acontece com frequência. É o que chamamos de *burnout*. Não é propriamente uma depressão clínica, mas sim tédio, falta de interesse e de energia, acídia. Pode piorar e generalizar-se como "indolência", um dos sete pecados capitais, o que indica a ausência de *anima* no cotidiano. Agora a libido desaparece e flui regressivamente para o inconsciente. Isso aciona o modo de regressão, o qual, quase inevitavelmente, produz sonhos importantes e significativos que acabam sugerindo um novo rumo na vida e trazem consigo um novo senso de sentido.

A direção do fluxo da libido oscila, e é isso o que dá e tira o sentido de nossas atividades diárias. Nosso senso de sentido depende desse fluxo. Muitas vezes, nos sentimos impotentes diante dessas oscilações. Elas vêm e vão conforme a vida nos acontece.

A pessoa que vive um *burnout* é o oposto daquela que se sente "chamada", que tem um senso de vocação forte e vibrante, que acha que suas tarefas, mesmo que comuns e rotineiras na superfície, estão associadas a um senso de propósito, de finalidade. Ele pode estar relacionado à criação dos filhos ou ao trabalho na direção de uma grande corporação. O senso de vocação motiva a pessoa a ir trabalhar diariamente com energia e uma sensação positiva diante do dia que está por vir. Tal pessoa está no "fluxo", como diz Mihaly Csikszentmihalyi. Estar no "fluxo" indica energia, motivação, prazer e sentido associados a uma atividade específica. Os matemáticos vão encontrá-lo ao fazer seus cálculos; os amantes, em seus relacionamentos; os médicos, em suas cirurgias.

Esse é o tipo de sentido que se torna disponível para o sujeito quando a energia psíquica flui progressivamente e se orienta por símbolos. Porém é preciso ressaltar que esse tipo de sentido também não é criado pelo sujeito. O sujeito recebe o senso de sentido em decorrência do fluxo da libido para atos que a façam avançar. O sentido se oferece como efeito do fluxo progressivo da libido; é um dom. E pode desaparecer. O amor pode desaparecer repentina ou gradualmente; o interesse pelo trabalho e o senso de vocação podem evaporar-se em certas circunstâncias. Na psicoterapia, enfrentamos essas situações regularmente. O sentido se perde subitamente após um acidente ou uma perda, e todos os atos possíveis parecem absurdos. Deixa de haver motivação para continuar seguindo por um determinado caminho na vida. E quando a motivação se perde, torna-se surpreendentemente evidente o quanto o senso de sentido é essencial à motivação. O sujeito não consegue funcionar muito bem sem ele. Tudo parece mecânico. É absurdo (*Unsinn*). Essa era a condição em que se encontrava Jung quando se afastou de Freud, como relata ele próprio em *Memórias, Sonhos, Reflexões*: "Depois da ruptura com Freud, começou para mim um período de incerteza interior e, mais que isso, de desorientação. Eu me sentia boiando [...]". Foi nesse momento que Jung se perguntou:

> Mas em que mito vive o homem de nossos dias? No mito cristão, poderia ser a resposta. "Você vive nele?", perguntei a mim mesmo. Para responder com toda a honestidade, não. Não é o mito no qual vivo. "Então não temos mais nenhum mito?" "Não, evidentemente não temos mais nenhum mito." "Mas, então, qual é o seu mito, o mito em que você vive?" Nesse momento, o diálogo comigo mesmo ficou desconfortável e parei de pensar. Chegara a um impasse.[4]

Foi esse o início de sua busca de sentido na meia-idade.

Como vimos na experiência de *O Livro Vermelho* citada antriormente, Jung fora convidado por "Alma" a recordar e pôr seus sonhos no papel. No início, ele não entendeu por que deveria fazê-lo. Pareceu-lhe absurdo, irrelevante, tolo – em outras palavras, desprovido de sentido. Apesar disso, ele seguiu as instruções de Alma e registrou dois sonhos importantes da infância. Eles constam de sua autobiografia, *Memórias, Sonhos, Reflexões*:

---

4   C. G. Jung. *Memories, Dreams, Reflections*, p. 171.

[...] Caminhava por uma floresta sombreada ao longo do Reno. Cheguei a uma pequena colina, na verdade, um túmulo, e comecei a cavar. Pouco depois, deparei, para meu espanto, ossos de animais pré-históricos. Cheio de interesse, compreendi no mesmo momento que precisava estudar a natureza, o mundo em que vivemos e as coisas que nos cercam.

No segundo sonho, estava eu novamente em uma floresta; esta era cortada por diversos córregos e, no recanto mais escuro, vi uma piscina circular cercada por densa vegetação arbustiva. Semi-imersa na água jazia a criatura mais estranha e maravilhosa: um animal redondo que cintilava em tons opalinos e constituía-se de inúmeras pequenas células, ou órgãos, semelhantes a tentáculos. Era um radiolário gigantesco, de cerca de um metro de diâmetro. Pareceu-me fantástico que aquela magnífica criatura tivesse permanecido intacta naquele lugar oculto, naquelas águas límpidas e profundas. A visão despertou em mim um desejo tão intenso de conhecimento que acordei com o coração batendo forte. Esses dois sonhos dissiparam todas as

minhas dúvidas e impeliram-me definitiva-
mente para o campo das ciências naturais.[5]

Esses sonhos, como diz ele, instilaram-lhe a motivação de dedicar-se à ciência em detrimento da filosofia, primeiro nos estudos e, mais tarde, na carreira. Escrevê-los de novo, desta vez com 38 anos, lembrou-lhe a vocação de cientista.

Sem dúvida, o senso de vocação é uma das mais importantes fontes de sentido na vida de uma pessoa. É um grande motivador. A vocação é um chamado cujo responsável é o *Self*. O sujeito recebe o chamado de uma fonte além de si mesmo, uma fonte interior que é irracional. Na linguagem religiosa, Aquele que chama é Deus. Isso ancora o senso pessoal de sentido do sujeito no sentido supremo. Muitas vezes, com a emergência de um senso de vocação, as pessoas fazem coisas que não conseguem explicar nem justificar. Elas dizem que simplesmente precisam fazê-las. Recordar esses sonhos da juventude trouxe de volta a Jung o senso de vocação que o guiara para uma vida até então cheia de sentido. Só que, desta vez, ele precisava de algo mais, algo específico e em sintonia com a situação que estava vivendo. Tratava-se agora de encontrar um novo caminho onde o antigo já se esgotara, porém nas mesmas linhas vocacionais. Jung nunca deixaria de ser médico e cientista, mas precisava reajustar a visão. Precisava encontrar um mito que ancorasse seu trabalho futuro em um sentido supremo. Dali em diante, seu senso pessoal de sentido dependeria disso.

---

5 *Ibid.*, p. 85.

Ao falar na busca de "um mito em que viver", estamos dando um passo à frente na busca de um senso de sentido. Procuramos uma estrutura de ordem superior, aquilo que *O Livro Vermelho* chama de "sentido supremo" (*Übersinn*). O que é esse "sentido supremo"? Ao que tudo indica, trata-se de algo transcendente.

Muitas vezes há um momento na vida, geralmente por volta da meia-idade, como no caso de Jung, em que muitas coisas que antes tinham um senso de sentido começam a parecer absurdas, superadas e destituídas do sentido que antes tiveram. Isso não é exatamente o mesmo que *burnout*, que muitas vezes pode ser resolvido com um pouco descanso e uma folga para espairecer. Em vez disso, pode ser uma crise perene cuja resolução requer tempo e trabalho interior consideráveis. Não se trata de abordar a solução dos dois problemas como se eles estivessem no mesmo nível: essa crise implica um novo ponto de partida no nível do arquétipo, não no nível do ego. O arquétipo leva tempo para emergir do inconsciente coletivo. Enquanto isso, há a liminaridade, um período de espera e observação do que surge nos sonhos e em outras experiências irracionalmente motivadas e direcionadas. Nessa situação, Jung optou por ouvir "o espírito das profundezas" e não "o espírito desta época". Em outras palavras, ele olhou para dentro de si e começou sua jornada pelo inconsciente por meio da imaginação ativa.

Assim como acontece com indivíduos, isso acontece com comunidades ou culturas inteiras. Sistemas de símbolos – ou seja, mitos – que em algum momento da história transmitiram vasto sentido coletivo e transcendente para as pessoas, perdem a numinosidade e tornam-se meros artefatos mortos, curiosidades culturais, antiguidades ou até constrangimentos. Foi o que aconteceu nos dois últimos séculos com as religiões tradicionais no Ocidente. O profundo reservatório de sentido propiciado pelo cristianismo e seus símbolos secou. As pinturas inestimáveis penduradas nas paredes das grandes catedrais são admiradas por seu valor artístico, esteticamente, mas já não induzem estados místicos de contato com o Divino. As grandes catedrais da Idade Média tornaram-se museus. O senso de sentido supremo que um dia tiveram desapareceu e, embora a tinta permaneça nos altares e nas telas, a alma voou para outro lugar. Isso jogou a cultura pós-moderna ocidental em um estado de liminaridade: "modernidade líquida", como a chama o filósofo Zygmunt Bauman. Estamos boiando nesse meio enquanto buscamos novos mitos e narrativas coletivas que ofereçam um senso de sentido supremo e possam nos orientar.

Esse fenômeno de "desaparecimento" do sentido transcendente da consciência coletiva ocorreu com as religiões do mundo em muitas épocas e muitos lugares. Quando a numinosidade das antigas religiões pagãs se desvaneceu em metáforas curiosas que tinham em si pouca convicção, o cristianismo preencheu o vazio com um novo conjunto de símbolos que ofereciam um sentido transcendente. Hoje, na Europa e na América do Norte, muitas das igrejas e catedrais da cristandade são museus, coleções de objetos estéticos como vitrais e altares belamente esculpidos. Eles atraem turistas, mas não adoradores. A alma partiu: foi-se embora em busca de sentido. O que faz uma cultura quando o sentido transcendente sai, quando é esvaziado e nada resta além de preocupações com o conforto material e o entretenimento?

Para indivíduos e coletividades, isso pressagia um momento de crise. Estamos vivendo um momento assim em nossa história cultural. A modernidade preparou o caminho, e a pós-modernidade o promoveu. Para muita gente, os eventos esportivos têm muito mais sentido que os rituais religiosos. De certo modo, eles são rituais religiosos em roupagem secular e têm algum efeito temporário em termos de oferta de sentido, mas carecem de um senso de sentido transcendente. Isso significa que precisam ser repetidos várias vezes para manter seu sentido. A vitória de hoje no futebol é a lembrança obsoleta de amanhã. No século XIX, para muitas pessoas, o numinoso deixou a religião e transferiu-se para a arte. "Deus está morto", dizia-se, mas as óperas de Richard Wagner carregavam a aura do numinoso e o teatro de Bayreuth tornou-se um local de adoração. Hoje, os grandes museus de arte de Nova York, Londres e Paris funcionam como catedrais, e o mesmo ocorre com os *shoppings*. Porém o que eles não pretendem reivindicar explicitamente (até porque nossos tempos pós-modernos não o permitem) é um sentido transcendente. Na pós-modernidade, a transcendência é uma simples ideia e, sobretudo, uma ideia drasticamente suprimida.

Übersinn, no entanto, *é* sentido transcendente. Ele é objetivo, não subjetivo. Está além de "um senso de sentido". É sentido que existe além do âmbito da compreensão consciente. Pode ser transmitido por símbolos. Os símbolos expressam sentidos que não podem ser articulados pelo intelecto. São janelas para a alma. Temos tais experiências hoje? Peter Berger escreveu a respeito de "sinais de transcendência", momentos de sentido simbólico que ocorrem espontaneamente, sem aviso prévio, súbitos, em qualquer lugar e a qualquer momento. Essa foi também a experiência de Rudolf Otto. Na experiência numinosa, ele sentia um poder invisível, um *mysterium tremendum et fascinans*.

Lembro-me do sonho de um jovem que me procurou para fazer algumas sessões de análise. Órfão, ele foi adotado aos 4 anos de idade por um casal sem filhos. Agora, aos 30, lutava com a questão do sentido e da vocação, pois estava incerto sobre a direção a seguir. Então, em uma dessas sessões, ele falou de um sonho em que visitava Istambul e estava na magnífica Hagia Sophia, local que ele realmente tinha conhecido em uma viagem não muito antes do sonho. Enquanto caminhava na catedral, sob a cúpula, parou para olhar para cima e viu a cena celestial do Deus Pai cercado por outras figuras. Então, ele viu o Pai descendo da cúpula e sentiu-se ascender. Enquanto se aproximavam um do outro, o Pai o olhou nos olhos, apontou o dedo em sua direção e disse com uma voz grave que ecoava por todo o espaço: "Eu te quero!". O jovem acordou chorando. Enquanto ele me contava o sonho, nós dois tínhamos lágrimas nos olhos. Sentia-se "escolhido", pois fora escolhido aos 4 anos pelos pais adotivos. Só que agora a figura que o escolhia era transcendente, e isso se tornaria a base de seu mito pessoal à medida que ele avançasse rumo ao resto de sua vida. Havia em sua vida um padrão que se repetia: ser escolhido.

Jung encontrou um meio de teorizar sobre o sentido transcendente em seus escritos sobre sincronicidade. Ele define sincronicidade como uma "coincidência significativa", uma convergência entre um evento interior, como um sonho ou intuição, e um evento exterior. E dá vários exemplos extraídos de sua prática clínica. Inevitavelmente, essas coincidências tocam em um tipo de sentido que não é provocado nem criado pelo homem. Que tipo de sentido é esse? Nem todas as coincidências são significativas, mas quando o são, o elemento de sentido é aportado pela convergência de eventos sem relação causal e é percebido pelo sujeito como dotado de sentido. Jung fala da sincronicidade como um caso especial de "encadeamento a-causal"[6] que inclui "fatores como as propriedades dos números naturais e as descontinuidades da física moderna". E prossegue: "[...] precisamos ver [as sincronicidades] como atos criativos, como a criação contínua de um padrão que existe desde a eternidade, se repete esporadicamente e não tem antecedentes conhecidos".[7] O sentido contido nos eventos sincronísticos está no padrão, o qual se ancora em um processo transcendente de criatividade que se repete no tempo de modo imprevisível. A partir do relato de Jung em seus escritos e também em sua autobiografia, podemos ver que ele considerava a sincronicidade um elemento essencial na criação de um mito pessoal, de

---

6   C. G. Jung. "Synchronicity: An Acausal Connecting Principle." *CW* 8, § 965.
7   *Ibid.*, § 967.

um mito com base no qual viver. Por trás da sincronicidade, estava o *self* como "arquétipo da orientação e do sentido. [...] Para mim, esse *insight* implicou uma aproximação do centro e, portanto, da meta. Tal compreensão veiculou pela primeira vez o pressentimento do que devia ser o meu mito".[8] Essa compreensão de um mito pessoal se respaldava em uma série de sincronicidades que o ancoravam firmemente no "sentido supremo".

Na obra junguiana, o processo de formação de um mito pessoal compõe-se da combinação de espera passiva (*Wu wei*, como a chamam os mestres taoistas) e envolvimento ativo em sonhos, imagens e eventos sincrônicos. O sujeito chega ao senso de sentido, pessoal e transcendente, prestando muita atenção a esses dados. Trata-se de um processo com muitos altos e baixos, guinadas e reviravoltas. "O caminho é sinuoso": assim descreve Jung a jornada da individuação. Ela abarca sentido, absurdo e sentido supremo. E, a todo momento, podemos entrar em contato com qualquer desses sentidos do sentido.

Conclusão

Gostaria de encerrar esta palestra com um trecho de *Memórias, Sonhos, Reflexões* que fala em termos comoventes do sentido da própria consciência humana no cosmos. Nessa reflexão, Jung atribui à humanidade posição equivalente à do Criador. A contribuição humana está relacionada

---

8   C. G. Jung. *Memories, Dreams, Reflections*, p. 199.

à percepção do sentido na natureza, algo que também diz respeito a esta nossa época ecologicamente sensível.

No capítulo "Viagens", Jung relata suas experiências em diversas partes do mundo fora da Europa. Entre essas viagens, está a que ele fez em 1925 ao Quênia e à Uganda (pp. 253–274). No início dessa viagem, Jung teve a oportunidade de afastar-se das pessoas com quem estava viajando e passar algum tempo consigo mesmo:

> [...] Afastei-me de meus companheiros até os perder de vista e saborear a sensação de estar completamente só. Lá estava eu, o primeiro homem a reconhecer que aquilo era o mundo, ainda sem saber que o havia criado naquele instante. [...] Lá, o sentido cósmico da consciência tornou-se extraordinariamente claro para mim. "O que a natureza deixa imperfeito, a arte aperfeiçoa", dizem os alquimistas. Eu, o homem, num invisível ato de criação, dei ao mundo o selo da perfeição ao conferir-lhe existência objetiva. [...] Agora eu sabia [...] que o homem é indispensável à conclusão da criação e que, mais que isso, ele próprio é o segundo criador do mundo, o único que deu ao mundo sua existência objetiva – sem a qual, inaudito, invisível, devorando, parindo, morrendo, assentindo em silêncio ao longo de centenas de milhões de anos, o mundo

> prosseguiria na mais profunda noite do não ser até seu desconhecido fim. A consciência humana criou o sentido a existência objetiva e, assim, e o homem encontrou seu lugar indispensável no grandioso processo do ser.[9]

Nesse momento de silêncio, sozinho na vasta savana, Jung descobriu o sentido da consciência humana e o atrelou a seu senso de sentido supremo no seio da estrutura cósmica da própria Criação. Isso, também, se tornou uma peça importante em seu mito de sentido. Poderíamos argumentar que ele pode servir de base a um mito coletivo de sentido para toda a humanidade de nossa época. Os humanos não existem por obra do acaso absurdo e, nesse particular, tampouco uma praga ou um câncer sobre a face de nosso planeta. Estamos aqui para trazer o mundo à consciência. Esse é o nosso sentido no grande esquema das coisas. Cabe a nós fazer algo de significativo com esse senso de sentido supremo.

---

9 *Ibid.*, pp. 255-256.

A Fé do Analista[1]

A fé é um mistério. Algumas pessoas têm fé; outras, não. Pode depender da infância e da presença de uma mãe boa o bastante, que estabeleça uma base psicológica de confiança. Porém também notei que, paradoxalmente, muitas pessoas que tiveram problemas de saúde, problemas emocionais graves ou traumas em seus primeiros anos de vida (às vezes até suspensas entre a vida e a morte, sem saber se continuariam ou não neste mundo) muitas vezes têm uma misteriosa conexão com a espiritualidade mística, que constitui outra fonte de confiança. É como se o sobrenatural pairasse sobre elas e a participação em outro mundo invisível fosse uma possibilidade sempre presente. Às vezes, as assusta. Mas, quando não acontece, isso pode transformar-se em fé no seu destino como indivíduos. Quando se tornam psicanalistas junguianas, muitas vezes essas pessoas demonstram o dom de resistir às pressões decorrentes do mergulho profundo

---

1 Publicado anteriormente em *The Journal of Analytical Psychology* 56:3, 2011. Aqui, aumentado e revisto.

no inconsciente com seus pacientes. Baseada na experiência pessoal do transcendente, sua fé as ampara a despeito de todas as dificuldades.

Nesta reflexão, abordarei várias questões, todas elas enquadradas no problema maior da "fé" do analista ao trabalhar com as inevitáveis crises e momentos de desespero que surgem no decorrer da análise. As questões consideradas aqui serão:

1. O que é "fé"?

2. "Tenho ou não tenho fé ou uma fé?" (a pergunta que Jung fez a si mesmo em carta ao padre Victor White, *Ordinis Praedicatorum*.[2])

3. A presença ou ausência de fé por parte do analista faz alguma diferença significativa no decurso e no resultado do trabalho analítico?

Após a resposta a essas perguntas, considerarei alguns momentos de crise típicos que surgem na análise e são esboçados brevemente no ensaio de Jung *A Psicologia da Transferência*, onde ele afirma: "O colapso e a desorientação da consciência podem perdurar por tempo considerável, e é uma das transições mais difíceis que o analista tem que enfrentar, o que exige o máximo de paciência, coragem e fé por parte tanto do médico quanto do paciente".[3]

---

2   A. Lammers (org.). *The Jung–White Letters*, p. 119.

3   C. G. Jung. "The Psychology of the Transference." § 476.

Pergunta 1: O que é "fé"?

Começarei fazendo uma pergunta básica: o que pretendemos quando usamos a palavra "fé"? No âmbito dos contextos religiosos tradicionais, a "fé" tem uma clara referência metafísica e sobrenatural. Significa "fé em Deus" (ou "Deusa") conforme sua nomeação e revelação nos textos e rituais sagrados da religião específica em que é usada. No entanto, na verdade a etimologia da palavra inglesa é desprovida de referência explícita a qualquer coisa ligada ao religioso ou ao sobrenatural. No *Shorter Oxford English Dictionary*, descobrimos que a palavra inglesa "faith" deriva do latim *fides, fide-, fidere* e que o latim *fides* traduz o grego *pistis*. Os significados básicos dessas palavras de raiz latina e grega são: *confidence* (confiança como convicção ou segurança íntima, ou como crédito ou credibilidade), *reliance* (confiança como a que sente alguém que depende de algo ou de outrem) e *trust* (confiança como esperança em algo que pode ocorrer no futuro). Isso pode ser confiança em alguma coisa ou em alguma pessoa, ou confiança nas próprias habilidades e poderes criativos. Esse é o caso da famosa escultora Louise Bourgeois, por exemplo, que usou a palavra "fé" quando lhe perguntaram: "Como você conseguiu continuar trabalhando por tanto tempo sem reconhecimento público?" (ela só foi "descoberta" depois de fazer 70 anos e já trabalhava como escultora havia décadas). Bourgeois respondeu: "Eu simplesmente tinha fé no meu trabalho!"[4] As pessoas podem

---

4 *Louise Bourgeois: The Spider, the Mistress and the Tangerine*, filme de Marion Cajori e Amei Wallach, Zeitgeist Video, 2008.

ter fé em seu parceiro de trabalho ou de vida (ser confiável e "fiel"), ou em sua liderança ou partido na política. Aqui, a fé pertence unicamente a este mundo e não tem nenhuma conotação espiritual ou religiosa. Significa confiar em alguém ou algo visível, cognoscível, tangível. É mais ou menos equivalente a "Eu confio em você" ou "Seu aperto de mão vale tanto quanto um contrato legal". Fé é confiança, pura e simples, em alguém ou alguma coisa.

Porém, a maioria das pessoas toma a palavra "fé" em seu sentido religioso. Ter "fé" denota confiar em Deus, afirmando-se assim contato e conhecimento que se referem a um Ser sobrenatural. Na Bíblia hebraica, os grandes exemplos de fé – como o de Abraão, que confiou em Deus e deixou seu país natal para embarcar em uma jornada ao desconhecido, e o de Moisés, que confiou em que Deus proveria alimento durante os anos de peregrinação no deserto – investem sua confiança na Divindade, não em seus próprios poderes nem em algo deste mundo. A fé, nesse sentido da palavra, excede o alcance da razão e a exigência de provas. Ela salta para outro tipo de cognição (como no famoso "salto de fé" kierkegaardiano), na qual está envolvido o risco existencial. Repousa no conhecimento intuitivo ou naquilo que poderíamos chamar de Gnose.

No Novo Testamento, encontramos uma definição clássica de fé nesse sentido religioso: "Ora, a fé é o firme fundamento das coisas que se esperam e a prova das coisas que se não veem. Porque por ela os antigos alcançaram aprovação divina. Pela fé entendemos que os mundos pela palavra de

Deus foram criados; de maneira que aquilo que se vê não foi feito do que é aparente".[5] Fé, aqui, significa uma espécie de conhecimento: o conhecimento do invisível, de um Poder sobrenatural e supremo que opera nos bastidores e que é responsável pela existência de algo, ao invés de nada, e pelo destino individual e coletivo. Além disso, o Novo Testamento faz da fé em Cristo a condição da salvação da alma, ideia que foi veementemente promovida por Martinho Lutero na Reforma Protestante. A fé torna-se requisito da salvação e assegura a condição abençoada, quando nem sempre para a satisfação física nesta vida, certamente para a satisfação espiritual na próxima. Fé não é confiança em qualquer coisa; é a confiança especificamente em Cristo. E o mistério da fé é resolvido por Calvino em sua ideia de predestinação: aqueles que têm fé são abençoados e recebem da Providência divina sua capacidade de fé. A fé, em si, tem sua origem no transcendente.

Essa compreensão religiosa da fé é a que foi transmitida através de gerações imbuídas das tradições bíblicas e, por isso, não é surpresa descobrir que é essa compreensão do termo (em vez da mais neutra, como indica a etimologia da palavra) a que tem sido adotada também pela cultura mais ou menos secular do Ocidente. Comumente se entende que a composição do conteúdo de "fé" abrange: a) a convicção de que forças invisíveis e sobrenaturais estão em ação na natureza; b) o conhecimento, baseado na "revelação", do modo como essas forças afetam e impactam a realidade vi-

---

5 Hebreus 11:1-3.

sível no tempo e no espaço e c) a confiança nessas forças quanto ao triunfo final do bem sobre o mal e à salvação da alma dos crentes. O termo "fé" pertence mais genuinamente ao vocabulário dos religiosos, e sua existência separa os fiéis dos incrédulos.

Portanto, não admira que na modernidade as pessoas em geral tenham evitado o termo. O positivismo lógico, por exemplo, considerava todas as afirmações de fé nada mais que superstição, basicamente bobagens descartáveis. A fé pertence à Idade Média, a Idade da Fé, agora substituída pela Idade da Razão. No período da alta modernidade (séculos XIX e XX), ter fé geralmente era considerado um costume pré-moderno, com a implicação de que o "crente" era aquele que permanecia atolado no estágio mitológico da consciência humana e ainda não evoluíra culturalmente para o estágio moderno, o qual rejeitava sumariamente a ideia do sobrenatural e se comprometia com os métodos da ciência empírica e da racionalidade lógica. Fé não é um termo que se use no discurso científico. Na verdade, é anátema, para usarmos outro termo religioso. Banimento!

Na condição de homem moderno comprometido com o método científico e a pesquisa, Jung lutou com o termo "fé". Em carta ao padre Victor White, datada de 21 de maio de 1948, ele se questiona e escreve: "Seu artigo ["Notas sobre o Gnosticismo"] me fez pensar: *tenho ou não tenho fé ou uma fé?* Sempre fui incapaz de produzir fé e me esforcei tanto que, por fim, já não sei mais o que é ou significa fé. Devo a seu artigo o fato de agora aparentemente ter uma resposta:

fé, ou o que equivale a fé para mim, é o que eu chamaria de *Respeito*. Tenho respeito pela Verdade Cristã. [...] Entretanto, não há nele nada específico, pois sinto o mesmo tipo de respeito pelos ensinamentos básicos do budismo e pelas ideias taoistas fundamentais".[6]

Como é típico entre os cientistas formados na cultura moderna, Jung tem grande dificuldade com o termo "fé". Para ele, geralmente significava "crença": adesão a um determinado conjunto de doutrinas e credos, seja esse conjunto o do Protestante Reformado, o do Católico Apostólico Romano, o do Muçulmano, o do Judeu, o do Hindu ou qualquer outro. Não implica necessariamente uma experiência religiosa primária nem uma posição filosófica rigorosa duramente conquistada que inclua uma visão cosmológica pessoal ou, como diria Jung, uma *Weltanschauung* pessoal. Jung não se identificava com nenhuma das Confissões de fé tradicionais, apesar de ser culturalmente um Protestante Reformado Suíço. A esse tipo de fé – pura crença – Jung não poderia aderir e, de fato, muitas vezes reagiu com hostilidade e resistência quando pressionado de maneira autoritária a aceitar ensinamentos transcendentes ou metafísicos sobre Deus. Porém *respeitava* as tradições religiosas, todas elas, e com muitas aprendeu muito. A seu ver, elas estavam carregadas de simbolismo arquetípico e lhe ensinavam os conteúdos do inconsciente coletivo. Por não compartilhar de suas pretensões ontológicas e metafísicas, não tinha "fé"

---

6   A. Lammers (org.). *The Jung-White Letters*, p. 119.

em nenhuma delas. Pode-se dizer que Jung via todas as religiões de fora, com olhar desprovido de preconceitos e, dessa perspectiva, todas tinham para ele o mesmo valor para a psicologia. Se pudesse substituir "fé" por "respeito", estaria satisfeito. Ele tinha apreço genuíno por todos os tipos de pensamento e de experiência da religião.

Mas quanto de "moderno" de fato tinha Jung, se definirmos "moderno" como rejeição absoluta de qualquer coisa numinosa, espiritual ou transcendente? Seria muito difícil defini-lo e classificá-lo nos termos familiares que usamos hoje em dia para categorizar tipos históricos de atitude e pensamento: "pré-moderno", "moderno", "pós-moderno". Ao contrário do que ele alega na carta a Victor White que acabamos de citar, Jung *era* bastante capaz de exprimir intuições de transcendência – uma espécie de afirmação de fé, eu diria – conforme elas lhe vinham espontaneamente ou por meio dos canais da experiência pessoal e, em especial, da experiência numinosa. Por exemplo, em outra carta ao Padre White, enviada pouco antes da acima citada, ele escreve: "Quem entende claramente o que significa: '*Qui fidelis est in minimo*' ['Aquele que é fiel no mínimo [...]' (Lucas 16:10)] é avassalado pela *dura necessitas* [difícil necessidade] de submissão e disciplina de um tipo mais sutil que o da *regula S. Benedicti* [Regra de São Bento]. Não quero prescrever nenhum caminho para os outros, pois sei que meu caminho tem sido prescrito por uma mão muito acima de meu alcance".[7] Essa cautela de Jung acerca de aconselhar

---

7 *Ibid.*, p. 117.

as pessoas baseia-se no sentido de que o rumo e a forma de sua própria vida se devia ao fato de ter ele obedecido a orientações (na verdade, a uma espécie de comandos) de "uma mão muito acima de meu alcance". A partir dessa afirmação, parece evidente que ele se entregou com plena submissão a um "poder superior", ao qual, em outras cartas a White, se referia livremente como Deus. Convém lembrar-nos, também, da inscrição do oráculo de Delfos sobre o umbral da porta da própria casa de Jung: *Vocatus atque non vocatus Deus aderit* ("Invocado ou não invocado, Deus está presente"). Ali estava o lembrete constante, quando entrava em sua casa todos os dias, de "Deus". Embora seu significado seja difícil de definir e dissecar com precisão, *Deus* é certamente a referência a um fator transcendente do qual Jung se lembrava constantemente.

É desse tipo de consciência de um "caminho [que] tem sido prescrito por uma mão muito acima de meu alcance" que desejo falar quando considero aqui o problema da fé e o analista praticante. Não se trata de fé em sua acepção convencional de "crença" nas doutrinas tradicionais acerca de Deus, porém é mais que fé em sua acepção neutra de simples confiança em alguém ou alguma coisa. Em vez disso, é fé no sentido de: 1) admitir um reconhecimento implícito ou explícito do Ser que é mais completo e abrangente do que, a princípio, pode o nosso saber determinado compreender ou entender exaustivamente, 2) confiar nos ocasionais vislumbres que temos dessa "mão muito acima de meu alcance" e 3) submeter-se à sua visão, sabedoria, vontade e poder maiores. Não estamos mais prontos que Jung a aceitar sem questionamento os ensinamentos autoritários do púlpito, da mesquita, da sinagoga ou da catedral. Valorizamos demais a liberdade de pensar e experimentar a vida por nós mesmos. Mas será que vamos tão longe quanto ele quando se trata de admitirmos, confiarmos e nos submetermos a uma "mão muito acima de [nosso] alcance"? Proponho essa pergunta como um desafio.

Deixando de lado um Deus revelado e específico, digamos que a "fé" se defina como uma espécie de cognição intuitiva, com fortes conotações e implicações emocionais ulteriores, de um reino da existência além de nossa apreensão consciente (consciência de "uma mão muito acima de meu alcance") que se volta para o futuro com confiança ("a certeza das coisas esperadas"). Karl Jaspers usou o termo neutro "o Abrangente" para falar desse reino para o qual dirigiríamos nossa atenção em um ato de fé.[8] A pessoa de, ou com, fé depositaria confiança em tais cognições intuitivas e, eu acrescentaria, o faria em decorrência de experiências pessoais que sugerem que essa totalidade é uma Verdade, uma totalidade que ultrapassa o *self* pessoal do indivíduo e é uma espécie de *self* dos selves, um *Self* oniabrangente.

Pergunta 2: "Tenho ou não tenho fé ou uma fé?"

A essa segunda pergunta, cada um de nós deve dar uma resposta individual e pessoal, silenciosa e intimamente, valendo-se de uma anamnese pessoal (para seguir o exemplo de Eric Voegelin ao estabelecer sua certeza noética e

---

8 K. Jaspers. *Way to Wisdom*, pp. 28-38.

suas variedades de transcendências da consciência[9]). Temos que consultar nossas memórias, olhar retrospectivamente para os padrões que se desdobram em nossa vida, refletir sobre a questão do sentido nas reviravoltas aparentemente acidentais de nossa história pessoal (as "sincronicidades") e recordar os "milagres".

Portanto, para falar pessoalmente, devo dizer que me fiz essa pergunta muitas vezes e a respondi de maneiras diferentes em vários momentos da vida. Quando criança, fui exposto à fé religiosa em nossa casa. Cresci com a Bíblia e me familiarizei com muitas de suas histórias e figuras. Mais tarde, estudei teologia cristã formal e intensivamente. E assim, ao longo de minha vida, houve muitas "fases" em que tive e não tive fé, dentro e fora da "fé" no sentido religioso, a depender da fase do processo de individuação em que estivesse.

À medida que adentro as últimas décadas de vida e me faço essa pergunta, me vejo amparado por uma riqueza de experiências específicas a que chamo de primárias, nas quais se incluem sonhos importantes, cenas e eventos da imaginação ativa e também várias sincronicidades espantosas (penso nelas como "milagres") que informaram o que agora chamo de minha "plataforma de fé". É claro que minha leitura de uma grande variedade de literaturas também foi importante, mas as experiências primárias são os elementos cruciais. Considerando essas experiências, posso encontrar também aquilo que Jung chamava de "respeito" pelas tradições re-

---

9 E. Voegelin. *Anamnesis*, Capítulo 3.

ligiosas e pelo que as pessoas nelas vivenciam quando falam de "fé". Contudo, minha própria plataforma de fé é um tanto distante das bases estabelecidas pela tradição religiosa com que fui criado, o cristianismo protestante.

Para resumir em poucas palavras e de maneira bastante abstrata, minha plataforma de fé é a de que *tempo e eternidade se cruzam e asseguram o valor transcendente de certas experiências numinosas, as quais, por sua vez, oferecem um profundo sentido à vida.* Reconheço nela uma variação da ideia de encarnação afirmada na fé cristã, segundo a qual um Deus infinito e uma consciência humana limitada se unem em um momento histórico específico. O elemento de numinosidade desse momento é fundamental. Entretanto, em minhas experiências, a Divindade que está presente nesse momento nem sempre é especificada como a bíblica, embora para mim o símbolo de Cristo permaneça central.

Algumas vezes, essas experiências numinosas de valor transcendente ocorreram no *vas bene clausum* da análise com meus analisandos. Esses são "momentos transformacionais" indeléveis[10] para a consciência, e como tais foram reconhecidos no processo por nós dois. A intuição de uma interseção ou interpenetração de tempo e eternidade, de finito e infinito, de concreto e simbólico constitui a essência dessa experiência. Sua sensação é de atemporalidade, e ela comunica um senso de sentido que é confiável no presente e no futuro. A mão por trás da localização e do momento exatos dessas

---

10   Agradeço a Linda Carter por essa frase, extraída de seu artigo "Countertransference and Intersubjectivity" ["Contratransferência e Intersubjetividade"].

interseções está oculta no Grande Mistério. É a "mão muito acima de meu alcance", como disse Jung.

Um satélite ou subproduto dessa plataforma é o artigo (também de fé) de que a alma/psique/*self* humano individual tem valor infinito. Por quê? Porque cada pessoa finita constitui um sujeito adequado para a recepção do infinito. A meu ver, isso é o que Jung quis dizer com "a cristificação de muitos" na obra *Resposta a Jó*. Todos são convocados a encarnar o infinito nesta vida; todos são capazes de receber intuições do Divino e de encontrar sentido supremo na vida vivida concretamente em todo e qualquer contexto humano do planeta. Tal Gnose está disponível gratuitamente para todas as pessoas existentes na face da Terra. O *self* humano é uma *imago dei* e, portanto, está relacionado à própria Divindade e agraciado com valor supremo. Quer a pessoa perceba isso ou não, viva uma vida curta ou longa, individue-se conscientemente ou não, o valor permanece. Assim, "encontramos o Buda" ou "o Cristo" em nós mesmos e em todos os outros que possamos encontrar em nossa breve vida na Terra. O rabino Leo Baeck afirma o mesmo valor básico em uma perspectiva judaica em seu poderoso ensaio "Individuum Ineffible", apresentado na conferência de 1947 do Círculo de Eranos, na presença de Jung.

Isso significa também que o potencial do encontro humano com os outros, tal como o vivenciamos na análise, por exemplo, é infinito. A relação interpessoal horizontal, com toda a sua transferência e todas as suas projeções, ilusões e desilusões, amor e ódio e outros dramas, é cruzada por uma linha vertical de valor e potencial de sentido infinitos que se estende para além dos dois humanos empíricos nessa *joint venture*. Nisso, podemos confiar.

Pergunta 3: A presença ou a ausência de fé por parte do analista faz diferença para o curso e o resultado do trabalho analítico?

Sem dúvida faz diferença! Tudo faz diferença quando o processo analítico se tornar profundo e transformador. As atitudes, o temperamento, os vieses culturais, os complexos, o desenvolvimento pessoal do analista fazem a diferença para o curso e o resultado da análise, pois no fim todas essas coisas entram no processo, afetam o "campo" e causam seu impacto. Mas talvez seja útil observar um pouco mais de perto como esse fator – a fé, conforme a defini acima – pode fazer uma diferença crucial.

Recentemente, no início de uma sessão, do nada um analisando me perguntou: "Você acredita que podemos mudar nosso destino, nossa sina?". Não estava claro para mim de onde vinha essa pergunta ou por que era um problema. Trata-se, sem dúvida, de uma questão impossível tanto em nível científico quanto racional. O que são destino, sina? Será que eles realmente existem? Argumentar que cada vida tem um destino ou uma sina é, em si, uma declaração de fé e precisa ser respondida no mesmo nível. E por que alguém haveria de querer mudá-los? Ao refletir posteriormente sobre essa questão, devo confessar que não acho que possamos interferir no destino de um indivíduo, se isso é o que Jung quis dizer com "uma mão muito acima de meu alcance". Mas podemos chegar a aceitá-lo, até mesmo a amá-lo (*amor fati*). Porém, para que o analista assuma essa posição, é necessário um ato de fé, ou seja, presumir que o destino de cada indivíduo é provido de valor, mesmo de valor e significado supremos. Sem essa atitude engendrada pela fé, o analista pode ver-se tentado a brincar de Deus e procurar ajudar o analisando a mudar o próprio destino. Mas onde isso o deixaria? Pensa-se na famosa assim chamada Oração da Serenidade, de Reinhold Niehbuhr: "Concedei-nos, Senhor, coragem para modicar as coisas que devem ser alteradas, serenidade para aceitar as que não podem e sabedoria para distinguir umas das outras".[11]

"Só quando Deus está presente é que se pode abandonar a obrigação de ser Deus", escreveu o psicanalista e teólogo alemão Eugen Drevermann. Trata-se de um *insight* brilhante. Para que a análise funcione bem, parece-me que o analista não deve ser lançado no papel de Deus. Porém, para que isso aconteça, é preciso ter a sensação de que o Transcendente está presente na sala; à parte de qualquer um dos participantes humanos, mas com eles, entre eles, pois na sala "dois estão reunidos". A análise ocorre na presença do Divino e, assim, participa da aura do sagrado. Em tal cenário, mesmo um destino muito difícil pode ser objeto de aceitação, de apreciação e de valor supremo.

---

11 Disponível em: https://yalealumnimagazine.com/articles/2709-you-can-quote-them.

Dessa perspectiva, costumo pensar na afirmação de Jung: "[...] o fato é que a abordagem do numinoso é a verdadeira terapia e, na medida em que atinge as experiências numinosas, você se liberta da maldição da patologia. Até a própria doença assume um caráter numinoso".[12] Quando até mesmo a doença – seja depressão, adição, transtorno da personalidade *borderline* ou perversão – assume um caráter numinoso, só podemos concluir que ela foi inserida na perspectiva da fé, que a tudo abrange.

De minha parte, a única advertência a fazer é contra contentar-se com algo que às vezes (ou talvez muitas vezes), acontece quando, em termos junguianos clássicos, a fé, em seu sentido espiritual e religioso, é traduzida simplesmente como conhecimento do mundo arquetípico (invisível) e dos conteúdos do inconsciente coletivo e como confiança nos processos do *self*. Os analistas junguianos empregam rotineiramente esse tipo de raciocínio quando tratam os pacientes, em especial os mais difíceis e desafiadores. Eles têm fé na sabedoria da psique, nas operações do *self*, mesmo quando elas são opacas e ocultas à visão. Graças a sua formação, eles certamente têm algum conhecimento do mundo invisível do inconsciente, como complexos, imagens arquetípicas e padrões de pensamento e comportamento. Conhecem o *self* e a relatividade do ego no que diz respeito à psique objetiva. Em muitos casos, seria difícil prosseguir sem esse conhecimento. Mas isso está aquém da fé tal como é entendida no sentido mais forte, que impli-

---

12 G. Adler (org.) *C. G. Jung Letters* 1, p. 377.

ca conhecimento e confiança em fatores transcendentes que fogem inteiramente ao âmbito psicológico e se estendem ao que Jung chamou de dimensão psicoide, e mesmo além disso, a dimensões materiais e espirituais da realidade totalmente transumanas ou não humanas. A fé, nesse sentido, fala de território além dos extremos discerníveis do espectro que Jung usa como metáfora para descrever a psique humana, com o infravermelho esmaecendo-se no soma e no mundo material e o ultravioleta infiltrando-se no espiritual. A fé que tem esse alcance vai além do pessoal, do causal, do racional, e espera reinos que Jung chama de "o além" (*Jenseits*) em *O Livro Vermelho* e, mais tarde, discute como base da sincronicidade. O horizonte de racionalidade, de qualquer que seja o tipo, é rompido e se abre para o transpessoal e o cósmico. Uma imagem de tal vislumbre do mundo cósmico é retratada no famoso desenho do alquimista que enfia a cabeça para fora do globo e olha para o firmamento superceleste das estrelas, um firmamento que jaz além até mesmo das estrelas físicas. É daqui que se esboçam nossa sina e nosso destino. Nossa psique é um *imago Dei*.

Para os modernos (como a maioria de nós), este é o ponto de discórdia: tal conhecimento é possível, é crível? Para os adeptos de religiões tradicionais, isso só é possível por causa da revelação divina, daí a famosa frase de Anselmo de Cantuária: "Neque enim quaero intelligere ut credam, sed credo ut intelligam. Nam et hoc credo, quia, nisi credidero, non intelligam". ("Nem busco entender para que possa crer, mas creio que possa entender. Por isso, também, creio que, a menos que primeiro eu creia, não seja capaz de entender.") Contudo, depois das críticas de Kant, tornamo-nos apropriadamente cautelosos em relação a tais certezas.

No entanto, bastante sensível à cautela kantiana, Jung também poderia dizer, com bastante ousadia, na conclusão de suas Conferências Terry em Yale, em 1937: "[...] se a aventura espiritual de nosso tempo for a exposição da consciência humana ao indefinido e indefinível, parece haver boas razões para pensar que mesmo o Ilimitado seja permeado de leis psíquicas que homem nenhum inventou, mas das quais ele tem 'gnose' no simbolismo do dogma cristão".[13] Sem dúvida, ele estava decidido a explorar além dos limites do reino puramente psicológico e, claro, essa atitude entrou em sua prática como analista.

A fé oferece uma perspectiva bastante específica sobre o processo terapêutico, na medida em que confia que, se a psique/alma se abrir para o "inconsciente" (que é ilimitado e não pode ser definido exaustivamente pela mente consciente), surgirão os desdobramentos e movimentos necessários para a individuação. Há uma confiança implícita de que aquilo que está acontecendo, por mais peculiar ou bizarro que seja às vezes, tem potencial de sentido. O efeito dessa atitude por parte do analista é o senso de fé em si mesmos (no *self* que levam dentro de si mesmos) que ganham os analisandos. A meu ver, a fé do analista é sutilmente comunicada e, por fim, adotada pelo analisando. O "Tenho fé que o potencial de sua psique seja infinito" do analista se traduz em "Tenho fé que

---

13   C. G. Jung. "Psychology and Religion." *CW* 11, § 168.

minha psique tenha contato com o infinito e com seu potencial de sentido em minha vida".

É claro que, nesta era de medicina e psicoterapia baseadas em provas (e não em fé), precisamos fazer estudos e pesquisas que demonstrem resultados, que mostrem que nossos métodos funcionam, que as pessoas se beneficiam e melhoram, tornam-se mais confiantes em si mesmas, em seus próprios sentimentos e intuições. Precisamos ser capazes de mostrar que a fé é comunicável, que ela passa do "eu confio em você" para o "eu confio no *self*".

A Divina Comédia tem uma cena comovente quando Virgílio, que acompanhou a jornada do poeta ao Inferno e ao Purgatório, se despede de Dante com as palavras:

> "Viste, filho, o fogo eterno e o fogo temporâneo.
> Eis que chegaste ao ponto onde eu, por virtude minha, já nada posso!"[14]

Dante agora está sozinho para seguir em seu caminho para o Céu. Seu guia, Virgílio, agora tem fé em sua capacidade de confiar nos próprios impulsos, que foram purificados e tornados conscientes na passagem pelo Purgatório. Dante agora pode confiar em sua própria conexão com o *Self*. *Deo concidente*, isso acontece também na análise.

---

14 Dante. *A Divina Comédia: Purgatório* XXVII: 127-143, p. 208.

Quando "fé" é imprescindível na análise

Há fases da análise, às vezes mais longas, às vezes mais curtas, que põem à prova a fé do analista no processo. Jung escreve a respeito disso de maneira bastante explícita e gráfica em seu ensaio *A Psicologia da Transferência*". Referindo-se às Figuras 6 e 7 do *Rosarium Philosophorum*, intituladas "A Ascensão da Alma" e longamente discutidas em sua obra, escreve ele:

> Do ponto de vista psicológico, o que corresponde a esta fase é um estado obscuro de desorientação. A desagregação dos elementos indica a dissociação e a dissolução da consciência do ego existente. A analogia com um estado esquizofrênico é evidente e deve ser levada a sério, na medida em que é neste momento preciso que as psicoses latentes podem tornar-se agudas, ou seja, quando o paciente toma consciência do inconsciente coletivo e do não ego psíquico. Esse estado obscuro de desorientação da consciência, que pode durar muito tempo, constitui uma das mais difíceis transições com as quais o analista precisa lidar, exigindo muitas vezes paciência, coragem e fé tanto do médico quanto do paciente. É sinal de que o paciente está sendo conduzido sem saber aonde vai chegar, sem senso algum de direção, ou seja, no sentido mais verdadei-

ro da expressão, ele está em uma condição absolutamente desprovida de alma [...].[15]

Como diz Jung, o que o analista precisa ter nesse momento do processo analítico é "fé". Mas fé em quê? Trata-se da fé no processo arquetípico de individuação que passa por um trecho de transição em que a morte e o renascimento são as forças orientadoras. A morte aparece de forma marcante no cenário analítico, seja como perda de energia ou de confiança, seja como depressão porque as coisas não estão melhorando, mas sim piorando, seja como fantasmas e sonhos de morte que realmente surgem na consciência do paciente de maneira espantosa e com força de convicção. Os pacientes se convencem de que estão prestes a morrer! Ou sentem a presença da Morte em sua vida. Aqui, o analista deve a todo custo manter a fé na individuação como processo arquetípico. Ele precisa conhecer muito bem o arquétipo da morte e do renascimento. Mas esse conhecimento precisa ser Gnose, ou seja, conhecimento baseado na própria experiência do analista; caso contrário, não será eficaz nem forte o bastante para manter a esperança e confiança do analista no processo.

São três os tipos mais frequentes de crise que nós, analistas, enfrentamos em nosso trabalho com os pacientes: a crise de identidade (confronto da sombra acompanhado de vergonha e culpa); a crise da "perda da alma" (a *anima* desaparece e deixa atrás de si um vácuo frio) e a crise da "perda de sentido na vida" (o *animus* voa para longe, deixando um

---

15   C. G. Jung. "The Psychology of the Transference." *CW* 16, § 476.

espaço em branco na cognição). Cada um exige um processo de morte e renascimento. E cada um pode desafiar a fé do analista no processo de individuação.

Muitas vezes, as três crises se juntam em um período dramático da vida: a morte de um ente querido próximo com sentimentos de vergonha e culpa; a perda de *status* social e/ou profissional; um fracasso significativo nos negócios (falência) ou no relacionamento (divórcio); um diagnóstico médico catastrófico que, de repente, apresenta a perspectiva de pouco tempo de vida ou requer tratamento médico radical com chances limitadas de sobrevivência. Como psicoterapeutas, vivemos constantemente à sombra do fracasso e da morte. Também nós somos desafiados a manter uma atitude construtiva e um senso de sentido naquilo que fazemos como cuidadores da alma.

Se observarmos como Jung chega à sua fé na transformação e na Gnose pessoal, conforme descreve em *Liber Novus*, vemos muitos encontros com os Mortos e até mesmo com a própria Morte. Em *Liber Novus*, no Capítulo VI de *Liber Secundus*, intitulado "Morte", Jung descreve seu encontro com uma "figura" de pé "na última duna, [...] vestida com um enrugado casaco preto: imóvel, ela é macilenta e mira o horizonte [...] com olhar sério e profundo".[16] Depois disso, segue-se a visão de uma multidão de mortos rolando pelos morros em direção ao mar, e Jung testemunha os horrores da Grande Guerra que estava por vir. Ele próprio desce ao frio vale da sombra

---

16 C. G. Jung. *The Red Book*, p. 263.

da morte, onde perde toda a esperança na vinda de uma nova vida. E então vem a aterradora experiência do renascimento: "Inter feces et urinas nascimur" ("Nascemos entre fezes e urina", Santo Agostinho): "Durante três noites fui assaltado pelos horrores do nascimento. Na terceira noite, irromperam longas gargalhadas selvagens, para as quais nada é demasiado simples. E, então, a vida começou a agitar-se novamente".[17] Jung fala de seu renascimento semelhante ao da Fênix: "Quando compreendi minha escuridão, uma noite verdadeiramente magnífica caiu sobre mim. Meu sonho mergulhou-me nas profundezas dos milênios e, dele, ascendeu minha fênix".[18]

Foi a partir de experiências do arquétipo de morte e renascimento como essa que Jung e muitos outros analistas que seguem sua liderança forjaram sua Gnose. Esse é o fundamento experiencial/existencial da fé do analista no processo da individuação.

---

17 *Ibid.*, p. 268.
18 *Ibid.*, p. 265.

Referências

Adler, G. (org.). *C. G. Jung Letters*, Vol. 1. Princeton, NJ: Princeton University Press, 1973.

Atmanspacher, H. e Fach, W. "A Structural-Phenomenological Typology of Mind-Matter Correlations". *Journal of Analytical Psychology*, 58/2, 2013.

Baeck, L. "*Individuum ineffabile*". *Eranos – Jahrbuch 1947*. Zurique: Rhein-Verlag. Tradução para o inglês de Gabriel E. Padawer, Bernard H. Mehlman e Alisa Rethy. Hebrew Union College Annual, Volume 91 (2020), pp. 261-301, 1948. Apresentação de David Ellenson e Paul Mendes-Flohr.

Berger, P. L. *A Rumor of Angels*: *Modern Society and the Rediscovery of the Supernatural*. Nova York: Doubleday, 1969.

Bergin, T. G. *Dante*. Westport, CT: Praeger, 1976.

Bloom, H. *The Western Canon*. Nova York: Little, Brown, 1995.

Campbell, J. (org.) *The Mysteries. Papers from the Eranos Yearbooks*, Vol. 2. Nova York: Pantheon Books, 1955.

Cambray, J. *Synchronicity: Nature and Psyche in an Interconnected Universe*. College Station, TX: Texas A & M University Press, 2009.

_____. "German Romantic Influences on Jung and Pauli". *In*: *The Pauli-Jung Conjecture* (orgs. H. Atmanspacher e C. G., Fuchs). Exeter, Reino Unido: Imprint Academic, 2014.

Carter, L. "Countertransference and Intersubjectivity". *In*: *Jungian Psychoanalysis* (org. M. Stein). Chicago: Open Court, 2010.

Connolly, A. "Bridging the Reductive and the Synthetic: Some Reflections on the Clinical Implications of Synchronicity". *Journal of Analytical Psychology* 60/2, 2015.

Corbin, H. *Alone with the Alone*. Princeton, NJ: Princeton University Press, 1998.

Dante, A. *The Divine Comedy*. Tradução de John Ciardi. Nova York: New American Library, 2003. [*A Divina Comédia*. São Paulo: Cultrix, 1966 (fora de catálogo).]

Fordham, M. *Explorations Into the Self*. Londres: Academic Press, 1985.

Freud, S. *Civilization and Its Discontents*. Nova York: W. W. Norton & Co., 1930/1961.

Goethe, W. *Faust, A Tragedy*. Tradução de Walter Arndt, Ed. Cyrus Hamlin. Nova York: W. W. Norton & Co., 2001.

Gray, R. D. *Goethe the Alchemist: A Study of Alchemical Symbolism in Goethe's Literary and Scientific Works*. Mansfield Center, CT: Martino, 2002.

Heisig, J. *Imago Dei*. Cranbury, NJ: Associated University Press, 1979.

Hick, J. *The Fifth Dimension: An Exploration of the Spiritual Realm*. Londres: Oneworld Publications, 2013.

Jaffé, A. *Streiflichter zu Leben und Denken C. G. Jungs*. Einsiedeln, Suíça: Daimon Verlag, 2021.

Jaspers, K. *Way to Wisdom*. New Haven, CT: Yale University Press, 1951/2003.

Jung, C. G. *Septem Sermones ad Mortuos. Memories, Dreams, Reflections*. Apêndice v. Nova York: Vintage Books, 1916/1961.

_____. *Analytical Psychology: Notes of the Seminar Given in 1925*. Ed. William McGuire. Princeton, NJ: Princeton University Press, 1925/1989.

_____. *Psychology and Religion. CW*. Vol 11. Princeton, NJ: Princeton University Press, 1938/1969.

_____. "Psychological Commentary on 'The Tibetan Book of the Great Liberation.'" *CW*. Vol. 11. Princeton, NJ: Princeton University Press, 1939/1969.

_____. *Psychology and Alchemy. CW*. Vol 12. Princeton, NJ: Princeton University Press, 1944/1968.

_____. "The Psychology of the Transference". *CW*. Vol. 16. Princeton, NJ: Princeton University Press, 1946/1966.

_____. "The Spirit Mercurius". *CW*. Vol. 13. Princeton, NJ: Princeton University Press, 1948/1967.

_____. "Foreword to the *I Ching*". *CW*. Vol 11. Princeton, NJ: Princeton University Press, 1950/1969.

_____. *Aion: Researches into the Phenomenology of the Self. Coll. Wks*. 9ii. Princeton, NJ: Princeton University Press, 1951/1968.

____. "Synchronicity: An Acausal Connecting Principle". *CW*. Vol. 8. Princeton, NJ: Princeton University Press, 1952/1969.

_____. "On the Nature of the Psyche". *CW*. 8, Vol. 8. Princeton, NJ: Princeton University Press, 1954/1969.

_____. *Mysterium Coniunctionis. CW*. Vol. 14. Princeton, NJ: Princeton University Press, 1955-1956/1970.

_____. *Memories, Dreams, Reflections*. Nova York: Viking, 1961.

_____. *The Red Book: Liber Novus*. A Reader's Edition. Nova York: W.W. Norton & Co., 2009.

_____. *The Black Books 1913-1932, Notebooks of Transformation*. Volume 6. Nova York: W. W. Norton & Co., 2020.

Jung, C. G. e Pauli, W. *The Interpretation of Nature and the Psyche*. Nova York: Pantheon Books, 1952/1955.

Kerényi, K. "The Mysteries of the Kabeiroi". J. Campbell (org.), *The Mysteries*. Nova York: Pantheon, 1944/1955.

_____. *Das Ägäische Fest*. Wiesbaden: Limes Verlag, 1941/1950.

Klitsner, Y. S. "Synchronicity, Intentionality, and Archetypal Meaning Therapy". *Jung Journal* 9/4, 2015.

Lammers, A. (org.). *The Jung-White Letters*. Nova York e Londres: Routledge, 2007.

Luk, C. (org. e trad.). *Ch'an and Zen Teaching*. Berkeley, CA: Shambhala, 1970.

Meier, C. A. (org.). *Atom and Archetype. The Pauli/Jung Letters*, 1932-1958. Princeton, NJ: Princeton University Press, 2001.

Muramoto, S. (trad.). "The Jung-Hisamatsu Conversation (1958)". *The Couch and the Tree* (org. Anthony Molino). Londres: Open Gate Press, 1998.

Neumann, E. *Amor and Psyche. The Psychic Development of the Feminine*. Princeton, NJ: Princeton University Press, 1952/1956.

_____. "The Psyche and the Transformation of the Reality Planes, A Metapsychological Essay". *The Place of Creation*. Princeton, NJ: Princeton University Press, 1952/1989.

_____. "The Experience of the Unitary Reality". *The Place of Creation*. Princeton, NJ: Princeton University Press, 1958/1989.

Otto, R. *The Idea of the Holy*. Oxford, Reino Unido: Oxford University Press, 1917/1958.

Pauli, W. "The Piano Lesson". *Harvest* 48/2, 1953/1989, pp. 122-134.

Santagata, M. *Dante: The Story of His Life*. Cambridge, MA: Harvard University Press, 2016.

The Chemical Wedding of Christian Rosenkreutz. Tradução de Joscelyn Godwin. Introdução e comentários de Adam McLean. Boston: Phanes Press, 1991.

The Rosary of the Philosophers. Edição e comentário de Adam McLean. Edinburgo, Escócia: Magnum Opus Hermetic Sourceworks, 1980.

Van Erkelens, H. e F. W. Wiegel. "Commentary on *The Piano Lesson*". *Harvest* 48/2, 2002, pp. 135-141.

Voegelin, E. *Anamnesis. On the Theory of History and Politics.* Columbia, MO: University of Missouri Press, 2002.

Von Franz, M.-L. *Psyche and Matter.* Boston e Londres: Shambhala, 1992.

_____. "Interview with Herbert van Erkelens". *Harvest* 48/2, 2002, pp. 142-148.

Wilkerson, S. Y. *A Most Mysterious Union: The Role of Alchemy in Goethe's Faust.* Asheville, NC: Chiron Publications, 2019.